顔が笑う こころが笑う 脳が笑う

NPO法人健康笑い塾　主宰
日本笑い学会　理事
中井 宏次

春陽堂

顔が笑う
こころが笑う
脳が笑う

NPO法人健康笑い塾　主宰
日本笑い学会　理事
中井　宏次

春陽堂

はじめに

NPO法人健康笑い塾とは

二〇〇九年に、桃山学院高等学校時代からの親友の歯科医師・木村千郎氏（故人）と有志で、趣味の落語を通じて社会貢献ができないか、「笑い（ユーモア）で健康で豊かな歓びのある生活の実現」を設立主旨としてNPO法人健康笑い塾を設立しました。毎年、ワッハ上方（大阪難波）で落語会を開催したり、それぞれの立場で講演会などをして今日に至っています。

昔から笑いは百薬の長、万病の薬といわれ、最近では笑いが体内の免疫力を高め、健康に寄与することが医学的にも実証されつつあります。日常からバランスの取れた食事も含め、良質な笑いを意識する生活をすることが病気を予防し、健康を維持するという考え方から**医笑同源**と位置づけ、さらに笑いを楽しむ、笑いの増進、笑いの継続、このサイクルを**予防笑学**のハーモニーと位置づけ、講演会などで普及啓蒙活動を行なっています。

私と笑いの出会いは、小学生二年生のとき、祖父がよく聞いていた初代桂春団治のＬＰレコードの落語「寄合酒」に遡ります。当時は芝居小屋も多くあり、父にもよく連れられ、いわゆる寄席通いをした幼少時代の素地がありました。本格的に落語に傾聴していったのは、大阪薬科大学のクラブ活動の上方落語研究会からです。寝言にまで落語が出る有り様で将来は落語家になろうとまで思いつめたものです。そんな折、偶然、上方落語研究会の先輩に会い、その先輩が勤めていました製薬会社に就職内定してしまいました。人生、どこでどんなめぐり合わせがあるかわからないものです。

会社員時代は、テレビコマーシャルではありませんが、「私は落語で出世しました」と言っても過言ではなく「芸は身を助ける」とはよく言ったものです。薬剤師というより、漫談師の需要が多く、あまり多すぎて「芸は身を滅ぼす」とまで思ったときもあります。

私の人生の転機は、五十歳のとき、ガン（甲状腺ガン）になったことです。

その後の人生を百八十度変えたといっても過言ではありません。そのときに、笑いが免疫力を上げ、自然治癒力をもつことを再認識し、「笑い」の効果を実感するに至ります。

今は、会社も早期退職し、第二の人生の楽園を歩んでいます。組織に守られた人生と比較すると、荒波、小波もありますが、自分の座右の銘「**仕事は楽しく、人生はおもしろく**」を実践しながら、自分の体験、実践を踏まえ、笑いの効用の啓蒙活動に取り組んでいます。

最後に、この著書が「健康で豊かな歓びのある生活」の実現に、何かしら寄与すれば幸いです。

【期待される三つの成果】

1. 笑い（ユーモア）は、免疫力を上げ、ストレス解消になり、「人間は笑わなくてはいけない」ことが理解でき、健康長寿へと導きます。

2. 笑い（ユーモア）は、楽しく豊かに生きるためのコミュニケーション、マネージメントの基本であることが理解でき、「ユーモア人財」となり、仕事が楽しくなります。

3. 笑い（ユーモア）は、脳を活性化し創造力を養い、新しい発想が生まれ、人生がおもしろくなります。

それでは開演です。

どうぞ最後までお付き合いのほど隅から隅までお願いあげ奉ります。

笑う
顔が笑う
◇疾病の予防➡笑いを楽しむ
脳が笑う
◇持病重症化の予防➡笑いの増進
こころが笑う
◇疾病の再発防止➡笑いの継続

目次

第二章　笑いのハーモニー

第三章 次世代の人財育成法（教育とユーモア）

第五章　人生は楽しくおもしろく（健康とユーモア）

本文イラスト　佐藤　愛

第一章

医《い》笑《しょう》同《どう》源《げん》

日常からバランスの取れた歓びのある笑いをすることで病気を予防し、健康を維持すること。

中国に、医食同源、薬食同源という言葉があります。医（薬）も、食（食物）も、源は同じ。すなわち薬は健康を保つ上で毎日の食べ物と同じく大切であり、美味しく食べることは薬を飲むのと同様に心身を健やかにしてくれるというものです。私は今回、**笑食同源**という言葉を提案しております。

笑いも食べ物も源は同じ、すなわち笑いは健康を保つ上で毎日の食べ物と同じく大切であり、楽しく笑うことは毎日美味しく食べることと同様に、心身を健やかにしてくれると考えます。

世はまさにストレス社会・高齢化社会に突入しております。毎日を心豊かに快適に過ごすために、私は笑いという副作用もない薬を、お一人お一人の心に予防接種させていただくことが使命と心得ております。

「ユーモアや笑いは、ストレスを緩和して健康をもたらすとされています。医学的な研究としては、人がユーモアのある話を聞いておもしろいという気持ちになって笑った場合、笑うことはガンに対する抵抗力を高めると同時に、膠原病・リウマチの免疫異常も改善させる効果があることがわかっています。

ユーモアや笑いによる緊張の軽減、すなわちカタルシス効果が示されたとの報告もあります。

また、おかしさを感じなくとも、表情で笑顔を作るだけでも、体内の自然治癒力（免疫力）が強まるという調査結果もあります。このような数値的な立証結果もあって、おかしみを感じて笑うこと、また表情としての笑顔を保つことのもつポジティブな意義、その効果を主張する研究は増えている。」

（浅田由美子：九州大学2004年「心理臨床場面における笑いの取り扱い」）

1．人はなぜ笑わなくてはいけないのか

ストレスと笑い

動物はストレスが溜まると、三大欲求（食欲、睡眠欲、性欲）でストレスを発散して生活しているといわれています。しかし、人間はストレスが溜まりますと、なかなか三大欲求だけではストレスが発散されません。なぜかと言いますと、人間の大脳皮質は進化し、爬虫類型の脳（古皮質）から旧哺乳類型の脳（旧皮質）になり、喜び、悲しみなどの感情をもち、さらに進化して新哺乳類型の脳・人間脳（新皮質）になりますと「理性」をもちました。理性を持った人間は、ストレスがたまりますと、いままでのような三大欲求ではストレスが発散できなくなり、神様が人間だけに与えてくれましたストレス発散方法が、「笑い」なのです。

高柳和江氏（日本医科大学）によりますと「笑いによって新鮮な血液を脳

に送る。脳細胞の栄養供給が増え、情動をつかさどる右脳が笑いで活性化され、ストレスで左脳を使う人にとって、リラックス効果があると考えられる。笑った後は、集中しやすく記憶力もアップできる」とあります。

笑うのは人間だけです。アフリカのチンパンジーも笑うという研究報告も一部あるようですが、人間の笑いとは違うようです。「家《うち》の犬も笑っている」と言われる犬好きの方がおられます。それは犬がジャレているだけです。残念ながら実際は笑ってはおりません。

そこでもうひとつ、神様が人間だけに与えてくれた能力、それは涙を流して**「泣く」**です。これまた、「家《うち》の猫も涙を流して泣いているよ」と言われる方がおられますが、それは涙ではなくて目ヤニが溜まっているだけです。動物も鳴いていますが、それは鳴く（吠える）という行為です。涙を流して泣く、それは人間だけの能力です。「私はいつも上司に泣かされています。」と言う方はそのことが続きますと反対にストレスが増しますのでご注意ください。女性の方が、思わず涙を出して泣かれますが、それは涙を出すことによって良きストレスの解消になっております。有田秀穂氏（東邦大学医学部教授）は「ストレス解消には笑いより涙だ」と書かれています。そこで、**「最高の笑いは涙が出るほど笑うこと」**がご理解いただけるでしょう。

最近よく聞かれます。「きく臓さん、人間力って何ですか」私は「それは、相手と共に心から笑（喜ぶ）ったり、涙（悲しんだり）をすることができる力です。それが、一番人間らしいですし、人間しかできないことなのです。」とお応えしています。

「良薬は口に苦し」と言います。皆さんは、胃が痛いとき苦い薬も服薬されますね。それと同じように、人間として生きているかぎり、ストレスは必ず溜まります。ストレスを溜め続けると身体に様々な影響を与え悪化していきます。そこで、それを解消するには、笑いたくなくても笑わないといけないのです。笑いが一番の薬です。胃腸薬はお金がいりますが、笑いは無料です。

メンタルヘルスと笑い

私は、ストレスを善玉ストレスと悪玉ストレスの二つに分けています。みなさんは、「ストレスは悪い」と思われていますが、ストレスがあるからこそ、頑張り、成長できるのです。それは、夢、目標、やりたいことなどを達成するための善玉ストレスです。

ストレス学説を唱えたハンス・セリエ博士は、「ストレスは人生のスパイス」と言っています。いい意味で己に善玉のストレス（プレッシャー）をかけ、やり遂げることによって、楽しい豊かな歓びのある生活が実現できるのです。

この善玉ストレスが過剰になりますと心の負担になり、過労になり、逆にやり気をなくして悪玉ストレスになるのです。有田氏は、ストレスを三つに分類しています。

1．身体ストレス

2．快が得られなくなることによるストレス

３．他人から正当に評価されないストレス

いずれにしても人間として生きていくには、ストレスは必ずあります。そこで、皆さんなりのストレス対処法は何ですか。対処法は三つあります。

ストレスから逃げる

逃げることは簡単です。例えば動物は、環境が悪くなったら、次の良い場所へと移動していきます。それではいつまでたっても成長はしないし、対処も考えません。そこには進化、成長はありません。でも、逃げなくてはいけない場合もあります。それは、対処を考える余地もない場合です。

ストレスと戦う

しっかりした信念で目標を設定したなら、少しのストレスには、強い精神力で戦い続けられるでしょう。最初は、戦うために少しの「疲れ」を吹き飛ばして頑張ります。人が頑張れるのは、それ以上の成果が期待されるときです。

そこで、頑張り続けられる人はいいですが、ほとんどの人は、頑張り過ぎると病気になります。警告として「疲れ」から「心身の異常」「人間関係の異常」が出ます。そのときは戦いを一時、止める勇気も必要です。まず、「疲れ」を取ることが大切です。

ストレスを楽しむ

「働く」の反対は？「休む」でなく「遊ぶ」です。遊んでこそ、心が癒され、ストレスが発散できるのです。遊び方は、スポーツ、食事、旅行、読書、笑うなどそれぞれの遊び方がありますが、ここで、大切なことは、やり終えたとき「楽しかった」「美味しかった」「癒された」などプラス志向の言葉が出れば、遊んだことになります。忙しい人ほどよく遊ぶと言われるのもこの理です。一生懸命「遊ぶ」ことが大切です。そうすれば、このストレスの後には、楽しい「遊び」が待っていると考えるとストレスが楽しくなります。

【お金がかからない　ストレス解消法】

ス　スポーツ（運動）

軽い運動（額に少し汗をかく程度）を続けることです。あまり、過剰な運動をしますと、継続しません。かえってストレスが増すことがあります。スポーツの後の心地よいス（睡眠）も重要な要素です。

ト　トイレ（快便）

健康のバロメーターの一つに便通があります。腸には免疫細胞の約六〇%が集結していますので、腸の活性化が免疫力に大きく関与します。うつ病の治療にも快便が大切な要素です。そのためには、繊維素の多い、野菜、穀物をたくさん食べる事です。快調な生活は快腸からです。また、たまには便所掃除して　便所の神様にお礼を言うと、べっぴんさんになるらしいです。

レ

礼（感謝）

挨拶、「おはよう」「おやすみ」から「ありがとう」「お疲れ様」などは、コミュニケーション、人間関係の基本です。これは、職場、家庭でも同じです。疲れているとつい忘れがちですが、この一言が、居心地の良い空間をつくってくれます。できましたら、もう一言「今日の洋服、紫色、素敵ですね」などの**「褒める」**言葉もありましたら、コミュニケーションが活発になります。

また、最後に「ありがとうございました」など**感謝**の気持ちもお忘れなく。

ス

スマイル（癒し）

スマイルは好意的な、にこやかな「微笑み」です。その微笑みを、毎日鏡で見て、脳にイメージできるまでインプットしてください。その微笑みが、相手の心を癒し、あなたの心も癒してくれます。

今までの解消法は中井流ですが、伊藤一輔氏は次のように提案しています。

ストレス（STRESS）快笑法（解消法）

S: Smile（笑い） Sake（酒） Sleep（睡眠）

T: Tear（泣く） Talks（話す） Travel（旅行）
Thanks（感謝）

R: Recreation（休養） Relaxation（息抜き）
Respiration（呼吸法） Religion（信仰）

E: Eating（皆と楽しい食事、孤食はダメ）

S: Sports（スポーツ Singing（カラオケ）
Shopping（買い物） Spring （温泉）

S: Single（孤立にならない） Sex（疎遠にならない）

（国立病院機構　函館病院　副院長　伊藤一輔）

2．笑いの三大効用

健康力──免疫力アップする

皆さんもガンになっている

人間は、毎日一兆個の細胞分裂を繰り返しております。その中で三〇〇〇から五〇〇〇個の不具合な細胞ができます。それがガンです。そのガンを人間の免疫力で退治してくれているのです。その退治してくれている細胞をＮＫ細胞（ナチュラルキラー細胞）と言います。なぜ、ＮＫ細胞があるのにガンに患かるのか。それは、人間は加齢やストレスが溜まると、ＮＫ細胞の活性が落ちてきてガン細胞が発育してくるのです。

ではどのようにすれば、ＮＫ細胞を活性化できるのか、「笑いが、ＮＫ細胞を活性化するのか」を実験された方々がおられます。

笑いはＮＫ細胞が活性化するのか

一九九一年、吉本興業の「なんばグランド花月」（大阪）において、二十歳より六十二歳までのボランティア男女十九名に大いに笑う体験をしてもらいました。笑いの直前（一時間以内）と直後（三十分以内）に採血し、測定したところ、ガン細胞を攻撃するＮＫ（ナチュラルキラー）細胞が活性化するという結果を得て、「ユーモアとか笑いの要素を、ガンの心身医学的治療に積極的に導入する必要性を考えさせられる」という論文が発表されました。

1994年10月『心身医学』（34巻7号556〜571）「笑いと免疫能」第33回日本心身医学会推薦論文　研究者：伊丹仁朗、昇幹夫、手嶋秀毅

それ以来、ＮＫ細胞のことを「なんば花月細胞」（？）とも言われていますが、実は、ＮＫ細胞のまたの名を中井宏次（Ｎなかい　Ｋこうじ）細胞ともいうのです。よって、私は、笑いを広げるのが私の使命、天職と考えています。

ところで、最近の映画「僕と妻の１７７８の物語」を観られましたでしょ

うか。ＳＦ作家の眉村卓氏の奥様が大腸ガンを宣告され、余命一年と言われたとき、医師に「笑いは免疫力を高め、ガンには効果がありますよ」と言われたので、「そうだ。妻を毎日笑わせてやろう」と思い、毎日笑いのエッセィを書き続けます。すると余命三六五日が一七七八日にもなったそうです。これは、最新の医学の進歩が大きな要因ですが、エビデンス（証拠）はありませんが、笑いの効果が寄与したことも事実です。眉村さんを草彅剛さん、その妻を竹内結子さんが演じておられました。これは実話です。最後は笑って死んでいけたら、本当に素晴らしいですね。

ひとやすみ

先ほどの実験をされた昇医師が、次のようなことを述べています。

NK細胞を元気にするには

1　笑うこと

2　泣くこと

3　人に話を聞いてもらうこと（ホッとライン）

4　お華粧すること

5　楽しく歌うこと

つまり、心地いいと思うことが大切

（日本笑い学会　副会長　昇幹夫医師）

ガンの原因

　ＮＰＯ法人「がんの患者学研究所」代表　川竹文夫氏は、ガンの原因と結果は、ライフスタイル・食事・心の三点をあげられています。私もガンの診断を受けましたのが五十歳。この五十歳前後は、企業では一番働き盛りです。食生活も不規則で、外食の日が多く、会社と部下との間でストレスが溜まる一方でした。まさに　ガンの原因にぴったりです。これでガンにならないのが不思議なくらいです。特にストレスが一番良くないようです。

ガンの結果と原因

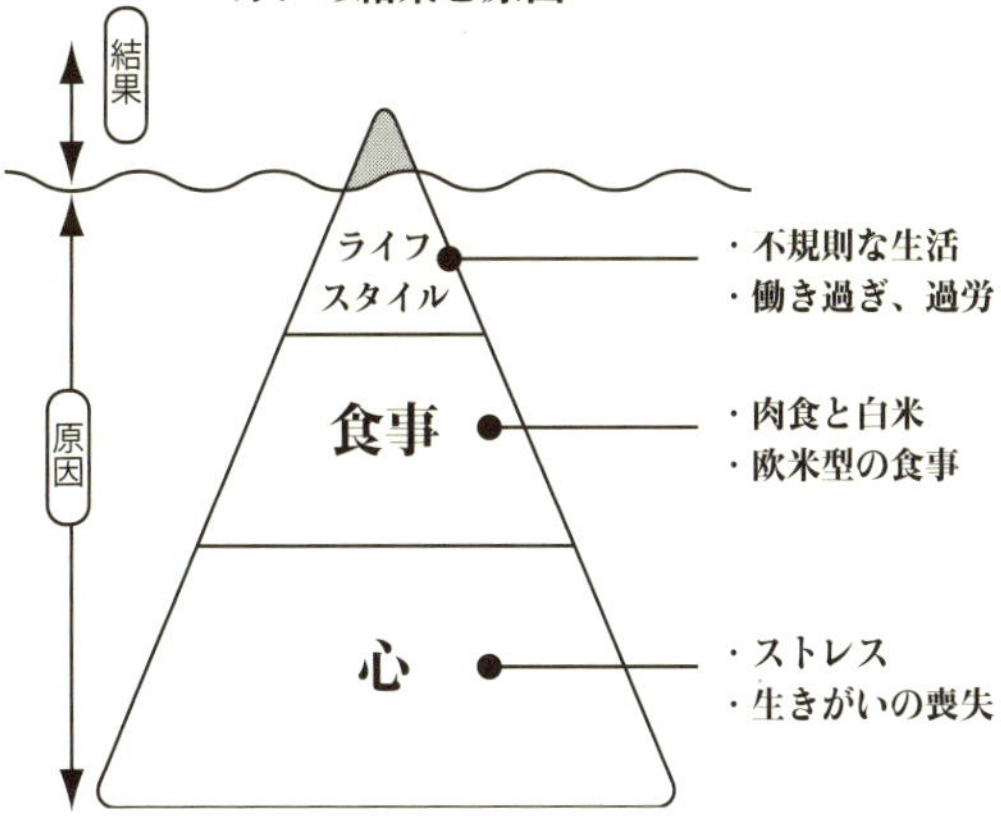

（©ガンの原因と結果　川竹文夫氏）

笑いの医学的な参考文献

まずは、「笑いと治癒力」の学問を世界に広めたノーマン・カズンズ（一九一五〜一九九〇）氏をご紹介します。彼は、五十歳のとき、難病である強直性脊髄炎（膠原病の一種）に罹り、医師から見放されますが、笑い療法とビタミンCの大量療法によって、難病を克服し、それ以後、カルフォルニア大学ロサンゼルス校教授として、「心と体」の関係を極める精神免疫学を専攻します。

ノーマン・カズンズ…核軍縮・世界政府の運動家、Saturday Review の元編集主幹、広島市名誉市民受賞（一九六四年）

・カズンズはこう述べている。「笑いは積極的・肯定的な気持ち、生への意欲をもつ、ということの一つの象徴と考えたい。そして笑うだけでよい、というのではなく、理解ある医師との協力があってはじめて力が発揮される」アレイン・クラインは語る「深刻な病に倒れたとき、ユーモアがどれほど病人の気持ちを明るくするものか、また病気による体と心の痛手を乗り越えるのにユーモアがどれだけ役に立つのかを私たちは忘れている…」

『笑いの免疫学』船瀬俊介著より

そのほか日本での研究

＊漫才で糖尿病改善

二〇〇三年一月　筑波大学の村上和雄名誉教授らの研究。米国の糖尿病専門誌に掲載

＊落語でリウマチも改善

日本医大の吉野槙一名誉教授の研究。

一九九六年米国リウマチ学会誌掲載

「関節リウマチ患者に対する楽しい笑いの影響」

一九九五年『心身医学』36（7）、560～564

＊笑いのアレルギー抑制効果

木俣 肇医師の研究論文「アトピー性皮膚炎における笑いの効果」

「ストレスと臨床」第10号2001〜11

＊脳梗塞の予防、痴呆にも効果

笑うと脳の血流量が増加し、脳の血管が詰まることによって起こる脳梗塞の予防に役立つ

「病気が治る!?病院のおかしな話」中島英雄医師（中央群馬脳神経外科病院　理事長）

以上、このほかにもたくさんの医学的文献が発表されています。

◇免疫　とかけて　潜水　ととく
その心は　どちらも長生き（長～い息）が決め手です。
◇ＮＫは　中井宏次（ナカイコウジ）か　皆が言う

きく臓

人間関係力――コミュニケーションが良くなる

最近、もう少しコミュニケーション力があったら、こんな結果にはならなかったのに。また、コミュニケーションがうまくいけば、職場の人間関係もうまくいき、楽しくいい仕事ができるのにと思われることが多々あります。IT社会になり、益々コミュニケーションの形態が変わり、コミュニケーションが単なる知識、思考の媒体でしかなくなりつつあります。

それ以外にコミュニケーションの媒体として重要なこと、それは、コミュニケーションが、感情の媒体であることです。感情が伝わることによって、そこで初めて信頼関係が生まれるのです。社会生活を営む人間関係において一番重要なのが信頼関係です。

営業を例に取りますと、良い物は売れる。確かに必要ないい物は売れますが、良い物が売れているのでなく、必要なものが売れているのです。だから、営業マンがいるのです。営業マンの大きな仕事は、相手に必要と感じていただき、「私が貴方のために本当に必要なものを提案している」と言う熱意、感情が伝わったとき、商談が成り立つのであり、お互いに納得してそこで初めて信頼関係が生まれるのです。単なる品物、価格だけの営業では、信頼関係が生まれません。大切なのはその信頼関係です。人間は、信頼関係で社会生活をしているのです。

家庭でも同じことが言えます。親と子の信頼関係があるから、子供は安心して生活できるのです。その信頼関係を作る手段としてコミュニケーションが大切ですし、そのコミュニケーションを上手に運ぶための知恵としての「笑い・ユーモア」の重要性が今日、認められつつあります。

ここでは、それぞれの立場におけるコミュニケーションの重要性を掲げ、その場における潤滑油であるユーモアの実例を挙げながら解説することによって、より早く信頼関係が築けるためのお役に立つことを願っています。

コミュニケーションと笑いの関係

井上宏氏（関西大学名誉教授）によると、「笑ってしまうともったいぶっていた意味や価値、建前が落ちてしまうということが考えられる。笑いは息を吐き、溜まっていたエネルギーを放出し、筋肉を弛緩させ、副交感神経を刺激して、先ずは身体的な緊張を解く。そして、対象を笑ってしまうと、対象に付着する意味や建前が相対化され、そのことから身をひいて、ちょっと距離をおいて見るということが生じる。ある種の飛躍が生じると言ってもよい。理屈でいけば矛盾だが、その矛盾を笑いが一挙に超えさせる。笑いの不思議と言えば不思議であるが、笑いのコミュニケーション効果と心得ておきたい。」

一方、浅田由美子氏は、「笑いには『充足を求めつながりをもつことと、解放を求め繋がりを遮断すること』の正反対の要素が同時に存在する両義性があるといえよう。

笑いが生じるとき、それは、親密さや一体感を深め、つながるためかもしれないし、ばらばらになりそうなものをなんとかつなぎ止めておこうとするものかもしれないし、つながりに耐えられず、遮断するためのものかもしれない」と述べています。

また、志水彰氏らによると、「笑いは重要なコミュニケーション手段である。われわれは『社交上の笑い』によって相手に対して敵意のないことをしめし、仲よくやっていきたいという意思を表示し、『快の笑い』によって雰囲気を明るくして感情を共有し、意思を疎通させる。〝笑いのない職場〟では職員は長つづきしないし、〝笑いのたえない職場〟ではいつまでも働いていたいと願う」と言います。

コミュニケーションに笑いがあると、井上氏の言う通り身体的な緊張が解かれ、志水彰氏らの言う「社交上の笑い」「快の笑い」で、相手の不安が和らげられ、それによって安心がもたらされ、信頼関係へと続くのです。また、浅田由美子氏による遮断の笑いもあることを忘れてなりません。

次にコミュニケーション分類・手段と笑いとの関係を考えてみました。

コミュニケーション手段

分　類	手　段	笑い・ユーモア
心	躾、マナー、幸せ感、感性	感動、癒し
身　体	握手、ハグ、ハイタッチ	笑顔（いい顔）
言　語	挨拶、会話、商談、会議	落語、漫才、喜劇 ほか
文　字	手紙、メール、報告書	川柳、都々逸、問答 ほか

　コミュニケーションは、お会いしたときの感動からの笑顔から始まり、握手をし、笑いのある楽しい会話があり、会話が終わるとユーモアのある御礼の手紙（メール）へと続く。このような流れが一例として考えられます。言語と文字の笑い・ユーモアは、どちらも交差することが多いが、色々な笑い・ユーモアでコミュニケーション能力のアップを図ってもらいたい。

　コミュニケーションと笑いは、どちらも密接な関係があります。笑いがあるとコミュニケーションは良くなるが、コミュニケーションが良くなると必ず笑いがあるとは限りません。笑わなくてもコミュニケーションが良くなる場合があります。それは、価値観が同じときコミュニケーションは活発になります。しかし、そこに笑いがあると、新しい発想が出て、よりコミュニケーションが活発になります。

実践例（会社・家庭）

ある会社で実験してみました。朝礼の最後に全員で「にこっ」と笑うのです。二〜三か月して尋ねると「職場の生産性が上がったような気がする」という感想が返ってきました。主観的ではあるが、実際に無視できない効果があります。朝、上役が笑顔を見せると、部下は「上司は、今日は機嫌がよいのだ」と感じます。するとおもしろいもので、言いにくい案件も持っていきやすくなるらしいです。そうすると色々な案件が早く処理ができ、生産性が上がるのです。小さいことだが、これが笑いの心理的効果です。だから上役は、いつも笑顔（いい顔）でいればいいのです。いわば部下に報告に来させる釣りのエサみたいなものです。叱るかどうかは、話を聞いてから判断すればよいこと。報告に来させないと意味がないのです。

「朝、笑顔（いい顔）を見せるなんて、簡単なこと」と思われるかもしれませんが、それがなかなか実行できないものです。だからこそトップに立つ人が率先垂範して笑わなくてはいけません。騙されたと思ってやってみてください。すると、職場の雰囲気に変化がみられ、会社が飛躍すること間違いないです。

家庭でも同じことが言えます。子どもが「ただいま」と家に帰って来たときお母さんが笑顔で、「お帰り、今日は何か変わったことなかった？」と尋ねると、子どもはお母さんの笑顔を見て安心して「実は…」と話しかけます。このように会話のキャッチボールが大切です。ここで、しっかりお母さんが聞いてやり、良い悪いを判断すればいいのです。ここで大切なことは、笑顔で「お帰り」も必要ですが、もう一言「今日は変わったことなかった」と聞いてやると大変話しやすくなるのです。

私も仕事から家に帰ったとき、いつも「今日は変わったことなかった」と聞きます。逆に妻の方からも「今日は会社で変わったことなかった？」と聞いてくれます。「仕事のことは言っても仕方がない」ではなく、話してみると案外心が楽になりますよ。自然にストレス解消しているように思います。

創造力――新しい発想ができる

私は笑いを、**見る笑い、聞く笑い、読む笑い**と三つに分類しています。

『お笑い』を媒体という観点から見ますと、最近は、テレビのスピード感のある**「見る笑い」**で、他人に笑わせてもらう一方的なお笑いが多いですね。そのおもしろさ、その場面を想像する間もなく笑っています。想像のない笑いは、その場限りの一過性の笑いで、生活の知恵としてなかなか活かせないのです。

昔は、ラジオ中心で、芸人さんの話を聞き、自分自身で情景を想像しながら、笑う**「聞く笑い」**。また、夏目漱石の「坊っちゃん」「吾輩は猫である」などの小説や小噺などを読んで、その場面を想像して思わず笑う**「読む笑い」**。

「聞く笑い」「読む笑い」は、自分から笑う、積極的なお笑いで、生活の知恵として活かされています。生活の知恵として活かされてくると、それは、ユーモアとなり定着するのです。やはり、ユーモアをベースとした笑い

	芸の種類	笑いの方向	創造力育成
見る笑い	漫才、バラエティーショー 他	笑わせてもらう	あまりできない
聞く（観る）笑い	落語、狂言、歌舞伎 他	自分で笑う	できる
読む笑い	滑稽本、小説、川柳、小噺 他	自分で笑う	できる

が、新しい文化を生み出し、生活を豊かにするのです。

日本には様々な伝統芸能（落語、漫才、能、狂言、歌舞伎など）がたくさんあります。食わず嫌いではなく、一度それぞれ笑いを味わって見てください。きっと生活にゆとりができて、人生が豊かになりますよ。

「聞く笑い」「読む笑い」は、イメージトレーニングで創造力（脳力）アップになり、大切なことは、**「笑わせてもらう」でなくて「自分で笑う」**ことです。

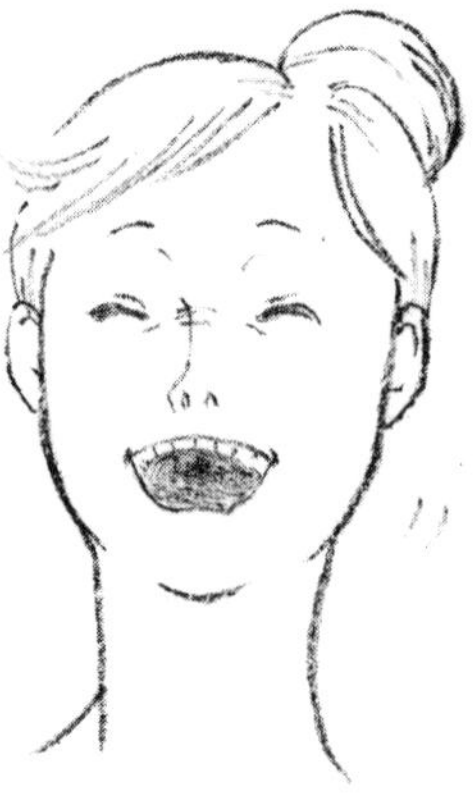

3．笑えばいいのか？

今や、「笑顔、笑顔」と笑顔ブームです。東日本大震災で家族を亡くされた方、家を全壊された方々に「笑ってください」「笑顔で苦しみを忘れましょう」と言っても、それは、あくまで第三者の発想です。その方々の心の痛みは計り知れないものがあります。笑いの素晴らしさ、笑顔の素晴らしさは、否定するものではありませんが、心から笑えてこそ、己の癒しになり、笑顔の素晴らしさが伝わり、相手に安らぎを与えることができるのではないでしょうか。ここでは、「笑えばいいのか？」「笑いの弊害はないのか？」を考えてみます。

皆さん、「スマイル仮面症候群」ってご存知ですか。

精神科医で大阪樟蔭女子大学の夏目誠教授によると、「仕事をしているときなど、ある役割を果たすには誰でも仮面をかぶるものだ。しかし若い女性を中心に、ストレスを感じながらも笑顔をつくり続けるうち、素顔との切り替えができなくなってしまう『スマイル仮面症候群』が増えている。」と言っています。

夏目教授が調査された女子大生（一三五名）を対象に「グループの力動（心理的な相互関係）と笑顔の意義」についてのアンケート調査によると、「笑顔はいいことだ」と八四％の人が答えていますが、「こころから笑える」とする人は四四％と半分に満たないのです。一方「つい笑顔を作ってしまう」が四三％と高率でした。スマイル仮面症候群の予備軍は多いと考えられる「『笑顔の私』と『本当の私』がわからなくなることがある」が、十八・五％、「私の笑顔は仮面である、笑顔を演じてしまうことが多い」が、十三・三％あり、その反面には、「明るく見られたい」「かわいい女性と言われたい」「私の方が勝っている」「良い子と言われたい」「非難や批判をされたくない」「ばかにされたくない」など優越・劣等への過敏性とこだわりの強さが要因としてあげられます。そのほかに夏目教授は、スマイル仮面症候群の性格特徴として、自信のなさと防御、受け身と依存性を上げられています。

ところで、二〇〇九年、ある会社からスマイルスキャンという笑顔測定器が発売され、日本の接客業を中心に導入されています。しかし、この発明は二〇〇九年のアメリカ・タイム誌で世界発明のワースト5に選出されました。それはなぜでしょうか。

社員研修・セミナーなどで「笑顔、笑顔を作りなさい」と言われ、その笑顔を機器で測定し、「ハイ、あなたの笑顔は九十点です。合格です」これで「笑顔の私」「本当の私」が表現できるでしょうか。

私は、笑顔を人工知能と人間知能の二つに分類しています。まず、人工知能とは、一見して無表情で殺伐とした「偽りの（作られた）笑顔」のことです。やがて、それが生活での「日常化（平均値）」になりえる恐れがあります。いわば、機械的で増産可能な笑顔とも言えます。

一方、人間知能とは、人間が本来持っている能力を駆使することで開花される、心から笑っている「真の笑顔」のことです。今後、人工知能の価値を認識しつつ、人間知能を自覚して更なる研鑽をすることで「真の笑顔」の秘策を提案できると考えています。

それには、一人一人が己の心に問いかけることが「真の笑顔」を見つめ直す機会を作ることが近道であり、笑顔を作り演じ続けることから、心から笑う生き方をすれば自ずと人間力が高まり、円滑なコミュニケーションツールになり、心からの笑顔が何にも勝る宝物であることを再認識していただけると確信しています。

【お笑いと笑い】

日本笑い学会の相羽秋夫副会長は、「お笑い」について次のように書かれています。

「笑わせることを目的に演じられる演芸を『お笑い』と把えていただきたい。広義の『笑い』に対し、狭義の『お笑い』という関係が成り立つ」

（笑い学研究 NO.1 相羽氏）

最近のお笑い芸人さんを見ていると「笑わせるから笑われている」という感じがしています。「笑うお笑いから笑わせてもらうお笑い」の変化を痛感じています。笑いに余韻がなくなり、寂しい気がしてならないのです。

お笑い芸人といえば、かつては落語家や漫才師の弟子になり、五年、十年と芸と人間性を磨いて人気を得、テレビなどに進出しました。しかし、テレビ中心のお笑いブームの昨今では、お笑い芸人養成学校で学び、コンクール、オーディションを通じてプロの芸人となっていきます。このためお笑い芸人養成学校には、毎年、入学希望者が殺到しているそうです。

その背景には、興行会社のタレントを自由に操りたい戦略もありますが、修業できない、我慢できない若者の姿があり、今さえ良ければ、芸に惚れているわけでなく、そのタレント性に惚れているのです。でも、別の意味での我慢・修業もあり、それも新しい芸、お笑いとして受け止めていかねばならないのかもしれません。

第二章

笑いのハーモニー

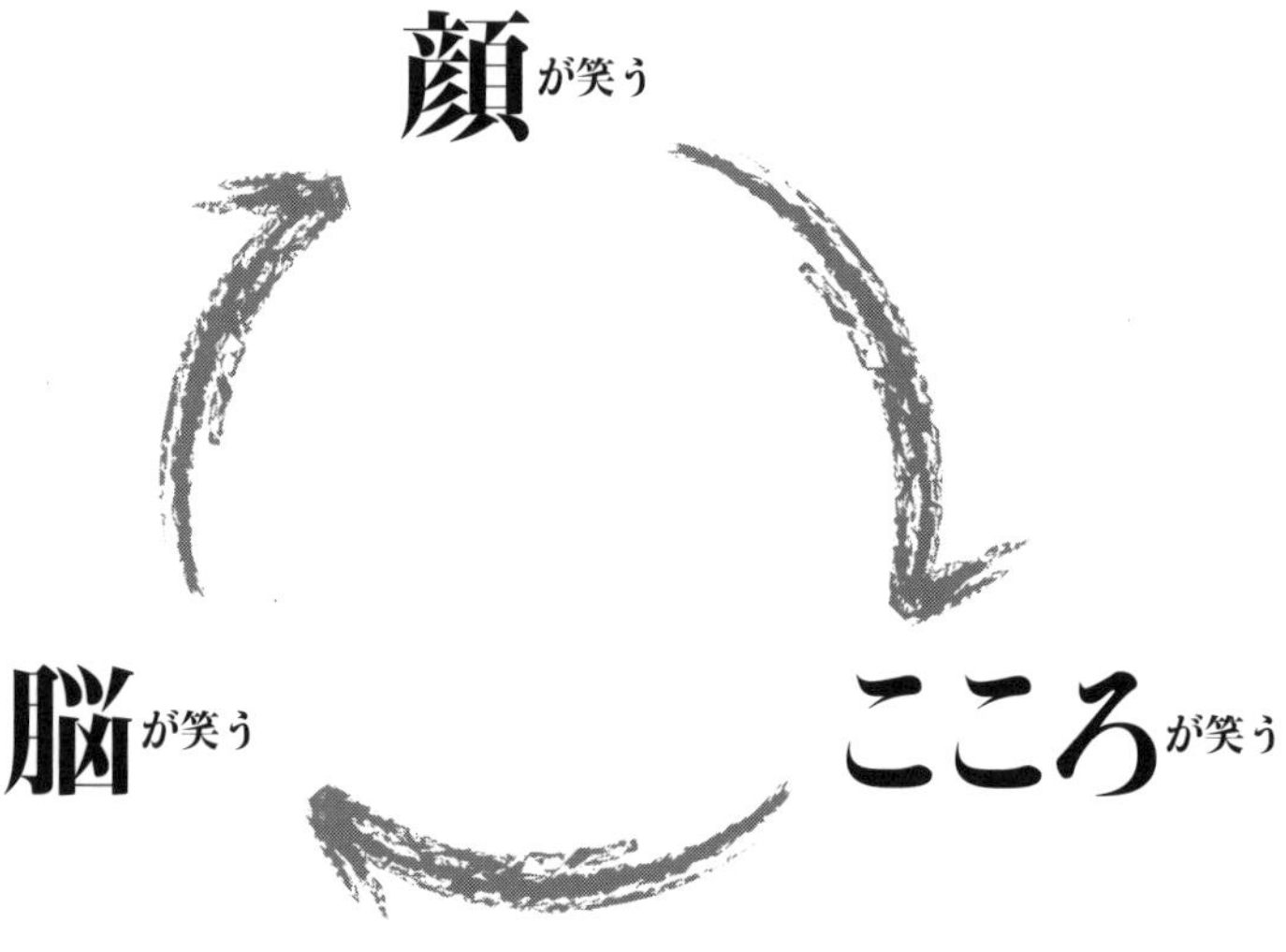
顔が笑う
こころが笑う
脳が笑う

皆さん、最近笑っていますか。同じ暮らすなら泣いて暮らすより笑って暮らしたほうが、楽しい人生であることは、誰しもわかっています。さりげない生活の笑い（ユーモア）が、心豊かな歓びのある生活をもたらします。

そこで、どうしたら笑えるのか？　どのように笑えばいいのか？　ユーモアとは何か？「笑いたいけど笑えない人」「笑いたくない人」「もっと笑いたい人」色々なタイプの人がおられますが、笑えない人は、無理に笑わなくてもいいのです。顔で笑わなくとも、こころが笑う、脳が笑う、そうすれば、自然と顔が笑います。これらすべてが循環しており、三つの循環＝ハーモニーを醸し出しているのです。ここでは、どうしたら、顔、心、脳が笑うことができるのかを一緒に考えていきましょう。

1．顔が笑う――笑いを楽しむ

いい顔作り

いい顔（笑顔）ですが、「笑ってください」と言って直ぐに笑える方はいいですが、なかなか笑えるものではないですね。それでは　どうしたら笑えるのでしょうか。ここでは、いい顔（笑顔）の作り方をご指南致します。

まずは、朝、起きましたら鏡で自分の顔を見てください。

・顔の体操　↓　自分の顔を鏡でみる

①「あえいおうあお」と大きな口を開けて五回
②「口を左右にひねり、鼻の下を伸ばす」と口の周りの筋肉の運動
③舌で口の周りを押し上げる。特に、えくぼのできる所（笑筋）

舌の運動は気管を強くして嚥下も楽になります。舌の働きは食べること、話すこと以外に唾液を出すことがあります。唾液の中には、糖質を分解し、体内に吸収しやすい状態にする酵素（アミラーゼ）が含まれています。その他にもたくさんの働きがあります。

④「はひふへほ」と笑う練習。「ハッハッハ　ヒッヒッヒ　フッフッフ　ヘッヘッヘ　ホッホッホ」と五回。

大切なことは、自分自身の笑顔を己の脳裏にしっかりと焼き付けることです。自分が、「ハッハッハ」「ヒッヒッヒ」と笑ったとき、どんな顔をしているかをしっかり鏡で見て、頭の中でイメージできるようになってください。そうすれば、人様の前で自分がどんな顔しているかがわかり、いい顔になりますよ。

夜、就寝前も同じことを繰り返してください。一日のストレスが笑顔によって吹き飛ばされ、快眠を保証します。

・いい顔を創る

講演終了後、できる限り時間を聴衆の皆さんと会話をします。ある日、講演が終わって、地元のおばあさんが、「先生、私も毎日朝晩、鏡の前で言っておることがあります。それは〝私は幸せです〟と」。それを聞いたとき、私は目から鱗《うろこ》でした。そのおばあちゃん、肌の艶もよく、本当にいい顔しておられます。それ以来「笑顔よりいい顔」と言うようになったのです。

人間はどんなとき、いい顔になるのか。美味しいものを食べているとき、何かをやり遂げたとき、充実感を味わっているとき、いわゆる、「幸せ」を実感したときではないでしょうか。

そのとき以来、私は講演のとき、いつも皆さんに問いかけます。「今、幸せですか？」「幸せの人、手を挙げてください」と。私の講演を聴きに来る人たちですから、幸せに決まっていると思いきや、手を挙げない人たちが、二割から三割います。「どうして幸せでないのですか」と思わず聞いてみます。

ほとんどの皆さんは、まずは、五体満足の幸せ、根本を忘れています。幸せなんかいくらでもあります。不幸の数と幸せの数、どちらが多いですか。一度あなたの五つの幸せを書いてみてください。意外とたくさんの幸せがあるものですよ。目の前にある小さな幸せを忘れていることが多いです。それから、幸せを実感したとき、鏡の前で「私は幸せです」と言って下さい。そのときのあなたの顔が、あなたにとって一番いい顔です。

また、ある看護師さんに教えられたことがあります。その看護師さんは、患者さんに接する前に必ず、鏡で自分自身の顔をチェックします。患者さんの前で嫌な顔していないか。患者さんに接するとき、大切なことは、嫌な顔の人が接したら患者さんはもっと嫌（不幸）になるのです。無理やりに笑顔で接するのでなく、いい顔で接していただきたいのです。それは、どの人にも同じことが言えます。同じ接するならいい顔の人と接したいですね。

ある社長さんにこのことをお話したら、「夜　自分自身の顔を鏡でみたら、私は、今日一日こんな嫌な顔して過ごしていたのか」とつくづく思われたそうです。そして「私は幸せです」と言って寝るようにしたら、一日の疲れが取れて、よく眠れるようになられているようです。トップが幸せでなくては、社員が幸せになれません。自分自身が、いい顔することによって、人とのコミュニケーションがスムーズに円滑に図れ、ストレスが解消し楽しい人生が楽しくなります。

幸せ感を持つ（五つの幸せ）

松下幸之助氏は、「社員を採用するとき、『運のいい人』を採用しなさい」と言われていたようですが、私は、経営者に、「幸せな人」を採用しなさい、と言っています。幸せな人はプラス志向です。いつも前向きに考えますので、良い行動ができます。会社の業績に大きく寄与します。

そこで、あなたの五つの幸せを書いてください。

人様の幸せも聞いてください　自分にない幸せを記入してください

自分の幸せ	人様から 学ぶ幸せ
・	・
・	・
・	・
・	・
・	・

次に、院内学級教師　副島賢和さんの生徒　宮崎君の詩です。

＊ＮＨＫ番組「プロフェショナル仕事の流儀」から平成23年1月24日ＮＨＫ放映

僕は幸せ　　宮崎　涼（十三歳で死去）

お家にいられれば**幸せ**
ごはんが食べられれば**幸せ**
空気がきれいだと**幸せ**
みんなが幸せと思わないことも**幸せ**に思えるから
ぼくのまわりには**幸せ**がいっぱいあるんだよ

以前、金沢の難病センターで講演をさせて頂いたとき、こんなことを聞くのは失礼かなと思いましたが、皆さんに「幸せですか」とお聞きしたところ、ほとんどの人が「幸せです」と手を挙げていただきました。ガンを患っておられる方は、ガンになって家族のありがたさ、スタッフの皆様の親切がほんとうに幸せと感じていると言っておられました。また、盲目の人は、この盲導犬にめぐり会えたことがたいへん幸せですとも言っておられました。相田みつをさんの言葉に「しあわせはいつもじぶんのこころがきめる」とあります。本当ですね。皆さん、幸せですか！

美人になる三つの秘策

1. 自分の顔を鏡で見る
2. 自分の顔を好きになる
3. 自分の顔を褒めてやる

しっかり自分の顔を鏡で見て、自分の顔を好きになってください。自分の顔が嫌いな方がおられますが、少し顔のパーツの位置がずれていても、世界で一つしかない顔、そんな素晴らしい顔をどうして好きになれないのですか。

まずは、その顔を好きになることから、あなたの幸せは始まります。その次に、その顔を見ながら、褒めてやることです。「きく臓はん、なんでそんなに男前やねん」。あるいは「美人ですね。鼻が高いですね。目が大きいですね」と褒めてやると、鼻が高くなり、目が大きくなり、自然と美男・美女になります。そこで、一番大切なのは、褒めた自分の顔を鏡で見ることです。本当に素晴らしいいい顔しています。「自分もこんないい顔が出来るんだ」と気づかれます。そのいい顔をしっかり頭にイメージすることです。いいイメージをしますと、脳が喜び、心・顔が笑います。それは、日々の積み重ねであり、ただ、ただ継続です。

国際化と笑顔

国際化にも笑顔が大切です。以前、大学の国際学部のある教授が、国際人三要素として「語学力・教養・笑顔」と言っておられました。例え、上手に英語が話せなくても、相手の一番印象に残るのは、笑顔のようです。

皆さんは、**メラビアンの法則**をご存知ですか。アメリカの心理学者アルバート・メラビアンが一九七一年に提唱した法則で、感情や態度について矛盾したメッセージが発せられたときの人の受けとめ方について、人の行動が他人にどのように影響を及ぼすかを調べたデータです。

【メラビアンの法則】

・話の内容などの**言語**　（7％）
・口調や話の早さなどの**聴覚**　（38％）
・見た目などの**視覚**　（55％）

この法則からもご理解いただけるように、人は視覚情報が一番印象に残っているようです。特に相手に与える第一印象として顔の重要性をご理解いただけたかと思います。

国際化の笑いで同時通訳の村松増美氏の著書に次のように書かれています。

「私たち日本人は、国際性のある『ユーモア力』を高めねばなりません。その第一歩は、世界の人たちが語り、笑い合っているジョークを理解することです。わかったふりをしてニヤニヤ笑うのはやめ、『困りました』『分かりません』と質問することです。そして笑えるようになったら、次は日本人の笑いを、海外の人たちにも楽しんでもらうよう、英語での語り口を磨くことです」

ニヤニヤと作り笑いはいけません。真の笑顔を身につけることです。

ここで村松増美氏の本から国際的なジョークを一つご紹介します。

海で客船が沈み（タイタニック号を連想してください）、数に限りのある救命ボートに、皆が先を争って乗り込もうとしたとき、様々な国籍の乗客たちに救命衣をつけて海に飛び込むよう説得するには何と言えばいいか。

・英国人………「紳士でしょう？」で十分です。
・ドイツ人……「船長の命令だ」と言えば飛び込んでくれます。**（命令や規律を尊ぶ）**
・イタリア人…「飛び込むのは規則違反ですよ」**（規律や権威を嫌う）**
・アメリカ人…「ご心配なく、生命保険をたくさんかけてありますよ」**（実利をとる）**
・日本人………「皆さん飛び込んでおられますよ」とそっと耳元でささやく。**（集団志向）**

2．こころが笑う――笑いの増進

こころが笑うとはどういうことでしょうか。井上宏氏（日本笑い学会　前会長）は次のように述べておられます。「心が笑うときは、自己を空しくする、あるいは自己を無にすると言ってもよい、心が空になるのである。心を縛っていたものを、笑いが解放してくれるのである。……笑って心を無にするということは、『生命の流れ』が感じ取られる瞬間、あるいは持続の時間ということになる。『心のゆとり』というのは、そうした瞬間あるいは時間を持てることで生み出されるものと考えておきたい」（笑い学研究13）

井上宏氏のいう「心が空になる」「笑って心を無にする」『生命の流れ』『心のゆとり』、そのような時間を持つときはどのようなときでしょうか。私は、自然との関わりであり、五感で四季を感じ、それを感動しているときに『こころが笑う』と思っております。そのために大切なことは、如何に感性を高めるかです。ある教育者が、夕日を見て「きれいだな」と感動する子供は大丈夫だと言っておられました。最近、夕日を見て何も感じない子供が多くなっているようです。信じられないことですね。花を見て「美しい」、旬の料理をいただき「美味しい」と感じる感性が大切です。感性のない人は心から笑えません。

こころの教育
花の名前を覚えるより
花の美しさに感動できるこころを　育てるほうが大事

感動するこころ・感性を高める方法

江戸時代の山口素堂の俳句に**「目には青葉　山ほととぎす　初鰹」**がありますす。五感で四季を感じている素晴らしい作品の代表です。

それでは、感性はどのようにして培っていくのでしょうか。大切なことは、常日頃から**五感**（目・耳・舌・鼻・皮膚―心）で**四季**を感じる訓練をすることです。

次頁の表に皆さんが五感で感じる四季を記入してください。各項目一つで結構です。

＊感受性育成シート

	春	夏	秋	冬
目				
耳				
舌				
鼻				
皮膚				

すべてが埋まりましたでしょうか。

【参考例】

春の目…桜、耳…ウグイス、舌…タケノコ、鼻…フキノトウ、皮膚…暖かい春の風、でしょうか。冬の耳にこんなことを書いた人がおりました。それは、「シンシンと降る雪の音」いいですね。雪は音を立てて降っていません。その静けさにシンシンという音を感じる。なんと感性の高い人でしょうか。夏の風物詩　花火はどうでしょうか。普通は目で花火ですが、耳で花火の音、鼻で花火の火薬の臭い、皮膚は夏の暑い風です。花火を五感で感じる感性を、大切にしたいですね。

それでは、どの様にすれば、感性高い人を育てることができるのか。それは、四季を感じる生活をしなくてはいけません。先日もおばあちゃんに「おばあちゃん、毎日、四季を感じないといかんでぇ」と言いますと「最近、毎日死期を感じてる」と言っておりました。これは冗談ですが、春には春のものを、夏には夏のものを、いわゆる旬です。食べ物でも旬のものが、一番栄養があるのです。人間も旬のときが一番力を発揮します。すべて旬です。旬を大切にしたいですね。昔の商家は、四季折々のものを食べ、四季折々のお祭りを行い、旬を大切にしたようです。そうすることによって感性を醸成していったのです。

ここで、勘違いされてはいけないのは　感性と感受性の違いです。四季を五感で感じるのは感受性です。それを「まあきれい」「美味しい」など具体的な表現ができてこそ、感性豊かな人財になるのです。

小林剛氏（オープンアカデミー研究所所長）によると、感受性とは、宇宙や地球上のかすかな電波を受けとめるパラボラアンテナやレーダーのように、まわりから放射される発信をストレートに受け止める力　感性とは、アンテナが受けとめたかすかな電波を具体的な声や音、映像にするラジオ、テレビ、パソコンなどのようなものであり、感受性で受けとめたものをより具体的な形として捉える力、とあります。

「盲目と言わせない」辻井伸行氏の母の感性育成法

心の目で見える　母のおかげ（朝日新聞より）

辻井さんは生まれつき全盲。生後八ヵ月の頃、ショパンの「英雄ポロネーズ」のCDを聴いて足をばたつかせて喜ぶ姿に、母のいつ子さんが芸術的な感性を感じ取ります。音楽だけでなく、すべての感性を豊かに育てることが音楽家としての人生を豊かにする。そんな思いからいつ子さんは辻井さんを、美術館に積極的に連れて行きました。作品ごとに立ち止まり、目の前の芸術の色、形、様子を辻井さんに語って聞かせました。

「花火に行っても、心の中で色とりどりの花火が開く。母のおかげで、何でも心の目で見られるようになった。不自由はありません」六歳の頃には作曲も始めました。風や水の感触が、豊かな色を伴って感じられました。「ロックフェラーの天使の羽」という曲の着想は小学六年、クリスマスシーズンに演奏旅行で訪れたニューヨークで降ってきたそうです。

街中で天使のオブジェに触れ、「幸せな気分になり、インスピレーションがわいた」と言う。……「夢はモーツアルトやショパンのように、みんなに広く愛され、引き継がれる曲を書くことです」と辻井さん。三、四時間泳ぎまくるのが最高の気分転換といいます。プロのアーティストとして、今後立ち向かうのは「ハンディではなく、偉大な作曲家たちです」。

京菓子から醸し出す五感とは

山口富蔵　御菓子・詩心の作法（BS–TBS超・人より）

山口富蔵（やまぐち・とみぞう／一九三七年二月二十一日生まれ　京都府出身）さんは、次の様に言われています。

・**色や形を目で楽しみ、菓銘の響きを耳で楽しみ、季節の素材を口で楽しむ**この小さな御菓子の向こう側には、味わい深いゆかしき世界が広がっています。

・御菓子司は、季節を細やかに感じとる『感受性』を常に磨いておかなくてはならない。冬枯れの木々からも、そこまで来ている春の兆しを読みとる。「山の色、木々の色、本当に日々刻々と変わっていきますから、それをどう御菓子で表現していくかかですね。準備の心が大切ですよね。

・御菓子は、暮らしを愉しく遊ぶ道具、日々、暦をめくってゆくように、移ろう季節を御菓子に託して、遊び心で味わっていくもの。日本人が味わって育んできた諧謔《かいぎゃく》の精神。そして山口さんが御菓子に加えるひと工夫は、味わい深い世界の扉を開きます。

・山口さんは、子どもたちの胸に風流の種を蒔いていく……「どうやって愉しむか、ということです。御菓子を味で愉しむか、目で愉しむか、文学的な知識で愉しむか、美術史、歴史の中の愉しみとか、いろいろな要素を御菓子は含んでいるからこそ楽しめることができる。〝愉しむ〟という心を豊かにする遊び心を増やしてもらえたら、一番嬉しいです」

新製品を企画するとき、いつも五感で検証してみてはいかがですか。

目での色や形、耳で聞くネーミングの響き、舌での素材、鼻での匂い、皮膚での肌さわりなど。ヒット商品を出すには、五感でどう愉しむかが大切です。

・**京菓子**　とかけて　**暗い夜道**　ととく
その心は　どちらも　**電灯（伝統）を持ち続けます**

きく朧

3. 脳が笑う――笑いの継続

教養を培う（ユーモアを楽しみ、創り、話す）

以前、歌手の中島みゆきさんが勲章を受章されたとき、インタビューのコメントに「棚から大トロですわ」と嬉しさを表現され、たくさんの笑いを取っておられました。でも、これを学生に言っても笑わないのです。それは、「棚からぼた餅」ということわざを知らないからです。ユーモアは双方向の教養レベルが同じでないとなかなか通じないものです。それでは教養とは何でしょう。

小林剛氏によると、「知識は覚えること、教養は忘れることといえる。この意味で知識人と教養人はまったく異なる。教養とは、学歴や専門領域の知識の集合体ではない。専門分野ですごいものがあっても、他のことに無智な人のことを、俗に『専門馬鹿』という。富士山の裾野に相当するのが専門とは別の、いわゆる教養というものである。他人との真剣な出会いを重ね、多方面に強い関心を持って生きている人がいつの間にか身につけているものが教養というものである。鍋料理コースの最後の雑炊・おじやのえもいわれない味は、雑多な山海の食材から出たエッセンスが出すものである。教養とは鍋料理の最後のスープのようなものといえる。知識の教養化こそ、大切にしたい。」

「教養とは」をご理解いただけましたでしょうか。教養はなかなかすぐに身につけられるものではありません。まずは、皆さんなりにユーモアを楽しんでください。たくさんのユーモアに浸っているうちにそのおもしろさが理解でき、次に創りたくなるのです。創ることによってユーモアのおもしろさがより一層理解できます。そうなれば、いよいよ発表です。自分が一番おもしろいと思ったユーモアを人前で話してください。おもしろさを理解できていないユーモアは、話しても相手に伝わりません。

そして、話して人が笑ってくれますと、その笑顔で幸せになります。話すことによって話すタイミング（ＴＰＯ）、間、動作などの大切さも深く理解できます。人を笑わそうなんて考えなくていいですよ。お笑い芸人さんではないのですから。でも、人前で話せない人は、ツイッターで呟いてもいいのではないでしょうか。反応が楽しみですね。まずはお楽しみください。

パロディを楽しむ（社会風刺の笑い）

いろいろな諺や宣伝用語などをもじってみると、意外とおもしろくて、今の世相がよくわかります。さりげなく社会風刺しながらあなたの教養とユーモアを出してみてください。

犬も歩けば棒に当たる　↓　犬も歩けば疲れる

老いては子に従え　↓　老いては妻に従え

出る杭は打たれる　↓　出る杭は踏まれる

芸は身を助く　↓　芸は身を滅ぼす

石橋を叩いて渡る　↓　石橋を叩いても渡らない

塵も積もれば山となる　↓　塵も積もればゴミとなる

孝行のしたい時分に親はなし　↓　孝行したくないのに親がいる

蛙の子は蛙
金の切れ目が縁の切れ目
武士は食わねど高楊枝

↓
↓
↓

蛙の子はおたまじゃくし
振り込みの切れ目が縁の切れ目
亭主は食わねど雑用時

なぞなぞを楽しむ（ユーモア力を養う笑い）

なぞなぞはユーモアの宝庫です。これがベースでたくさんの小噺やなぞかけなどが作ることができます。正解はないです。答えはたくさんあります。頭の体操をしてください。

①日本の都市で輪を探している人が住んでいるのはど～こだ？
②命令するのが好きな色な～に？
③水の上と水の下を同時に歩ける方法ど～んな？
④まければまけるほど喜ぶ人だ～れ？
⑤頭のいい楽器ってな～に？
⑥一枚の紙を破ったり切ったりしないで三十二にする方法ど～んな？
⑦自分の所有物なのに彼の物だと言われるのな～に？
⑧小ビンや中ビンはあるけど大ビンだけないお酒な～に？

⑨かなづちを中にいれて使うプヨプヨした物な～に？
⑩人が少ししか乗っていなくても窮屈そうな車な～に？
⑪池に落ちた果物な～に？
⑫夏に食べると下痢ピーになる豆な～に？
⑬双子の兄弟はどんなふうに笑うのかな？
⑭雨降りの日に裸になるのな～に？
⑮長く育つと病院で活躍する野菜な～に？
⑯牧場で鳴いている牛さんの色はな～に？
⑰はだしで歩く虫ってな～に？
⑱人に聞かれても言えない病気はな～に？
⑲行くときは重いけど帰りは軽くなる箱な～に？
⑳高ければ高いほど重くてつらいものな～に？

（答えは次の頁に）

答

① 稚内（ワッカッナイ）

② しろ

③ 水筒を頭の上に乗せて橋の上を渡る。

④ 値切るお客

⑤ リコーダー

⑥ しわくちゃにする　4 × 8（しわ）= 32

⑦ カレンダー

⑧ 焼酎（小。中）

⑨ 浮き輪

⑩ 肩車

⑪ ざぼん

⑫ ピーナッツ

⑬ にたり、にたり

⑭ 物干竿

⑮ ナース（茄子）

⑯ もーもー色

⑰ くつわむし（靴は無視）

⑱ 胃炎

⑲ 弁当箱

⑳ 熱病

川柳を楽しむ　（生活の笑いを学ぶ）

一月　鏡もち　飾りなくなる　不況かな
初詣　思わず拝む　発毛か

二月　鬼は外　亭主入れない　朝帰り
やっときた　本命からの　義理チョコ

三月　しろ酒を　肉食系　ワイン変え
卒業　払い終えたら　入学

四月　おたまじゃくし　息子に願う　殿様に
初仕事　朝から並ぶ　席とりか

五月　いつの間に　大きな鯉は　お母さん
いちごより　温室育ち　我が息子

六月　五月晴れ　新蕎麦前に　つゆを待つ
あじさいと　同じ娘の　色変わり

七月　歳老いて　箸でそうめん　はそーめん
　　　七夕に　恋より　職願う
八月　ネットにて　代参頼む　墓参り
　　　夏休み　出勤して　骨休み
九月　お供えを　欲しさに拝む　地蔵盆
　　　香りよし　柚子とすだちの　味自慢
十月　子供より　運動会で　親競う
　　　台風の　風向きより　妻の風
十一月　妻の愚痴　菊（聞く）人形　いつまでも
　　　文化の日　長寿の証　妻が言う
十二月　飲み過ぎて　お土産忘れ　我忘れ
　　　いつも誓う　来年こそは　大晦日

このように　生活であった出来事を十七音にされると楽しいですよ。創ろうとしますと、色々な物を観察するようになりますし、感性が高まると思います。まずは挑戦。創ってみてください。そのほかにたくさんの楽しい第一生命サラリーマン川柳があります。好きな川柳を記憶して、さりげなく使って見ると案外人を笑わせることができますよ。楽しいですよ。まず、「幸せは」、「楽しみは」、を最初の五音にして、残り七音、五音を考えてください。それを考えますと、今の皆さんの「幸せ」「楽しみ」がわかりますよ。ぜひ、この本の中に書き入れてください。

幸せは　妻の笑顔と　生ビール

楽しみは　土産品持って　孫の家

あなたの川柳

・幸せは

・楽しみは

都々逸《どどいつ》を楽しむ（粋な笑い）

私は大人のユーモアと思っています。粋さを感じますね。

・お酒飲む人花ならつぼみ　今日もさけさけ　明日もサケ
・主は二十一私は十九　四十仲良く暮らしたい
・惚れさせ上手なあなたのくせに　あきらめさせるの下手な方
・君は吉野の千本桜　色香よけれど　きが多い
・私しゃお前に火事場のまとい　ふられながらも熱くなる
・一人で笑ろうて暮らすより　二人で涙で暮らしたい
・言えば良かったただ好きですと　飲んで悔しさますの酒
・赤い顔してお酒飲んで　今朝の勘定で青くなる
・酒に酔うまで男と女　トラになるころオスとメス
・傘の骨ほど男はあれど　ひろげてさすのは主（あなた）一人

実は　私はプロポーズは都々逸で行いました

・ついて来るかいこの提灯に　消して（決して）暗ろう（苦労）はさせやせぬ

・目から火の出る所帯をしても　火事さえ出さねば　水入らず

どうですか。皆様も一つ挑戦してみてください。

問答を楽しむ（考える笑い）

問答と言いますと禅問答を思い浮かべますが、これは日常にある数字・言葉遊びです。こんな目で見ると楽しいですね。

・一本でもにんじん、二足でもサンダル、三艘でもヨット
・一人でも仙人とはこれ如何に　一本でも線香と言うがごとし
・一本でも人参とはこれ如何に　一羽でもにわとりと言うがごとし
・一人でも後妻とはこれ如何に　五人でも人妻と言うがごとし
・首があっても首切りとはこれ如何に　足があっても足切りと言うがごとし
・買っても瓜とはこれ如何に　売っても貝と言うがごとし
・東にいてもサイ君とはこれ如何に　西にいてもトウちゃんと言うがごとし
・イカを買ってもタコついたとはこれ如何に
　タコを買ってもイカほどですかと言うがごとし

・まっすぐ死んでも胃ガンで死んだとはこれ如何に
山で死んでも　野たれ死にと言うがごとし
・八時に拝んでも十字架とはこれ如何に
十人に当たっても八つ当たりと言うがごとし

【おまけ】
開いた金庫もお金がなく「しまった」とはこれ如何に
閉まった金庫も手を挟んで「あ、いた」と言うがごとし

つもり違い（己を笑う）

人生つもり違いが多いですね。楽しいつもり、儲かったつもり、愛されたつもり、つもりつもって、つもりきれなくなります。あなたのつもりはどんなつもりですか。

・高いつもりで低いのは　教養　（防波堤）
・低いつもりで高いのは　気位　（血圧）
・深いつもりで浅いのは　知識　（睡眠）
・浅いつもりで深いのは　欲　（底なし沼）
・厚いつもりで薄いのは　人情　（隣との壁）
・薄いつもりで厚いのは　面の皮　（化粧）
・強いつもりで弱いのは　根性　（亭主）
・弱いつもりで強いのは　我　（嫁・妻）

・多いつもりで少ないのは　分別（年金）
・少ないつもりで多いのは　無駄（養育費）

小噺を楽しむ（間を学ぶ笑い）

小噺は日常の生活での最高のユーモアです。色々な小噺を楽しんでください。話すとき、大切なのが間です。

間とは、相手への思いやり・話の理解力です。相手への思いやりがなければ、話を聴けません。話を聴いて理解（イメージ）するまでの時間を「間」と言います。理解（イメージ）できますと、また話せます（質問ができます）。例えば、皆さんが小噺を演じるとき、「鳩が何か落としていったでー」と言いますと、お客さんは、鳩が頭の上に何か落としていったことを頭の中にイメージします。そのときを「間」と言います。お客さんがイメージされたら、「ふーん」と言いますと爆笑となります。演じる側も「ふーん」は返事の「ふーん」と「鳩の糞」を理解して話さないとなかなか通じません。芸人さんは、間のことを「お客さんとの呼吸」とよく言います。落語を聞いていますと「まくら」と言って、本題に入る前に色々とおもしろい話をされます。そのとき、お客さんと呼吸を合わしているそうです。お客さんが息をすったとき、おもしろい話をしますと吐くと同時に笑いがでます。お客さんが息を吐いたとき、話をしますと、次は息を吸いますので、なかなか笑えません。これが、自然と身につくのが、「芸」ですね。

同じ噺でも、芸人さんによって笑える人と笑えない人がいます。それは「芸」のなせる「技」なのでしょうか。人間の笑うツボは昔から同じです。

　それでは、少し小噺を楽しんでください。そして、小噺で話す間を練習してください。間がだめなら「間抜け」です。

・テレビでしか野球を見たことのない男の子が、父親にナイターに連れて行ってもらった。帰って来てから母親が「おもしろかった?」と聞くと「あのね、芝生がすごくきれいだったよ。でも、コマーシャルはやってなかったよ」

・父親が息子に「日露戦争って、どことどこか戦ったか知っている？」と聞くと「日本ハムとロッテだろ」

・父親が冗談で「お父さんとお母さんが離婚したら、どっちについていく？」と聞いたら「テレビゲームはどっちが持って行くの？」

・国際会議で日本人にしゃべらせるのは、インド人をだまらすほど難しい。

・結婚は判断力の欠如に基づき、離婚は忍耐力の欠如に基づき、再婚は記憶力の欠如に基づく。

・「人が罪を許されるためには、まず何をなさねばなりませんか」と牧師が少女に尋ねました。少女は「罪を犯すことです」

・イケメンの歯科医師が、若い女性の治療の最中に「今日は何かご予定ありますか」と尋ねたので、女性は食事でも誘ってくれるのかと思い、「いいえ何もありません」と言うと「では、歯を抜きましょう」

・ある主婦が夫に用事ができ、台所から夫が庭にいるようなので、庭にいる娘に「お父さんいる？」と聞いたら、「いらない」

・病室に来た医者が、男の患者に「もしかすると右半身に麻痺が起こるかも知れませんね。」と言うと、患者はあわてて男の一番大事な所を左に寄せた。

・「貴方が紛失した小切手、どのくらいの大きさですか」「ハガキくらいです」

・トランプ占いで君との結婚占ったよ。相思相愛ですよ。
「ばばは抜いてくれた?」

・「どうして奥さんをイスで殴ったのか」
「ピアノが重くて持ち上がらなかったから」

・医師が左足の痛みを訴える老人に、
「歳のせいですよ」
「右足も同じなんですが」

・「私のお腹の中にいた子ですから、当然私のものよ」
「それでは自動販売機で買った缶コーヒーは、誰の物ですか」

・禁煙できない男に、医師が
「たばこは食事と食事の間に一本にしなさい」

数週間後、医師が「たばこの本数は守っていますか」

「はい　守っています。一日に何度も食事するのはたいへんです」

・「すいません。交番何処にありますか」
「わかりまへんなあ。そこの派出所で聞きなはれ」

・雷さんとお月さんとお日さんが旅に出ました。
雷さんが朝、目を覚ましますと、お月さんとお日さんがいません。

思わず雷さんが、宿屋のご主人に
「あの　お月さんとお日さんは?」

「はい　もうお出かけになりました」

「なるほど、月日の立つのは早いなあ」

「雷さんはいつお出かけになります？」
「私は夕立にしましょう」

・浅草の観音様で賽銭泥棒が逃げようと門まで来ましたら、仁王様が「待てー」と泥棒を踏みつけて捕らえました。
勢い良くお腹を踏まれた泥棒思わずのお尻からおならが「プー」、顔をしかめた仁王様の顔を見て、泥棒が、「におうかー」

（『ユーモアの秘策』葛西文夫著　他より）

ひとやすみ

笑いが肉体的健康によい事ばかりが喧伝されるが、心の健康に必要なものはユーモアである。

・ウイット　人を刺す笑い

・コミック　人を楽しませる笑い

・ユーモア　人を救う笑い

「笑いのこころユーモアセンス」織田正吉著

（日本笑い学会名誉会員　関西演芸作家協会顧問）

第三章

次世代の人財育成

（教育とユーモア）

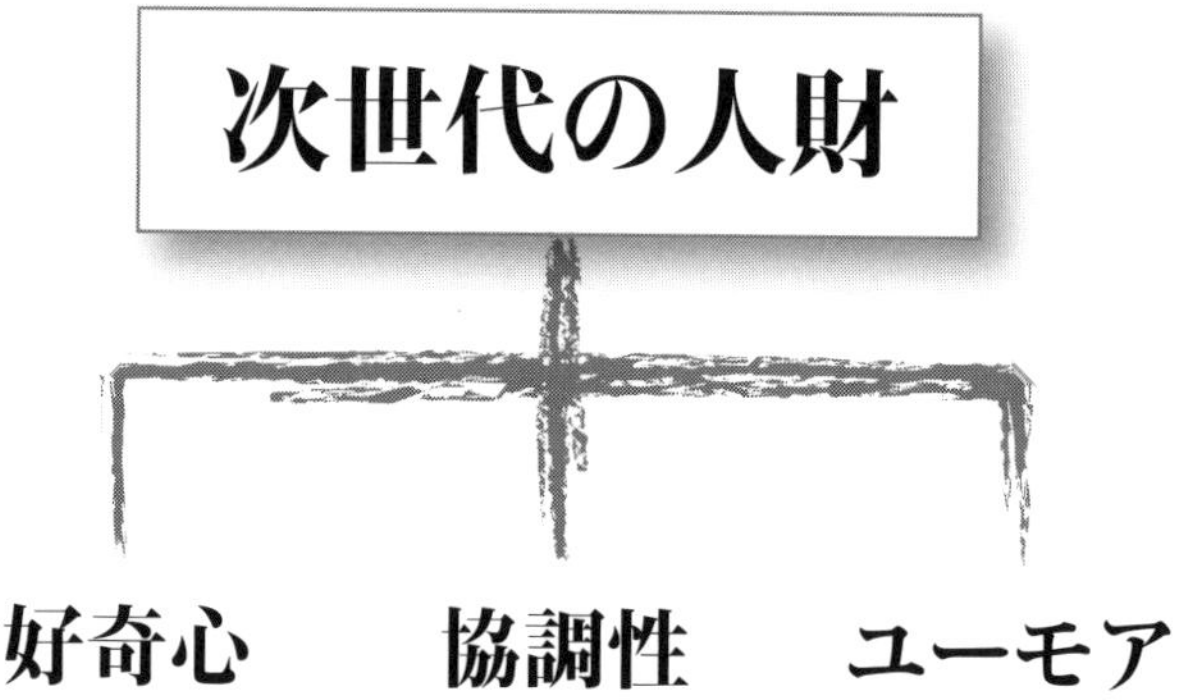
次世代の人財
好奇心
協調性
ユーモア

1. 次世代の人財育成三つの要素

私は、これからの人財育成要素として、好奇心・協調性・ユーモアの三つをあげています。

好奇心とは、色々な物事に興味を持ち挑戦する心と解釈しています。人間は、よりよい生活、快適な生活を求めて、あらゆるものに挑戦するから成長し進化してきたのです。挑戦のないところに成長はありません。企業でも同じことが言えます。好奇心をもって、あらゆることに挑戦し、変化しない企業は躍進しません。

ところで、いざ、挑戦してみると色々な困難な壁に当たります。そのとき、その壁を乗り越えさせてくれるのが、あらゆる人々の知恵、援助です。その知恵、援助をいただくためには、良き人間関係・人との協調性が必要です。その協調性、良き人間関係を築くには、笑い・ユーモアが大きな役割を果たします。

逆に人間関係が悪くなりますとストレスの原因となります。（厚生労働省二〇〇七年労働者健康調査より）ストレスによって、協調性がなくなり、好奇心、挑戦する心が薄らいでいきます。

逆に、笑い・ユーモアによって、円滑な人間関係が築かれ、協調性が生まれ、人々からの知恵・支援を頂き、新しいものに挑戦する心が生まれてくるのではないでしょうか。

　よって、平素からの笑い・ユーモアを自由に操れるユーモア人財の育成が、これからの重要課題であることがご理解いただけると思います。

＊ストレス調査（厚生労働省　平成19年）

	全体（%）	男性（%）	女性（%）
職場の人間関係	38.4	30.4	50.5
仕事の質	34.8	36.3	32.5
仕事の量	30.6	30.3	31.1
会社の将来	22.7	29.1	12.9
定年後の問題 老後の仕事	21.2	24.1	16.7

＊仕事や職業生活に関する強い不安、悩み、ストレスの有無

有：全体58.0%、男性　59.2%、女性56.3%　３つ以内の複数回答

＊特に女性は、ストレスの要因として職場の人間関係が高いようです。

2．ユーモア人財とは――
三大要素（幸せ感　感性　教養）

ユーモア人財とは、顔が笑う、こころが笑う、脳が笑う、三つの笑いの循環ハーモニーができて、幸せ感、感性、教養がバランスよく整っている人をいいます。

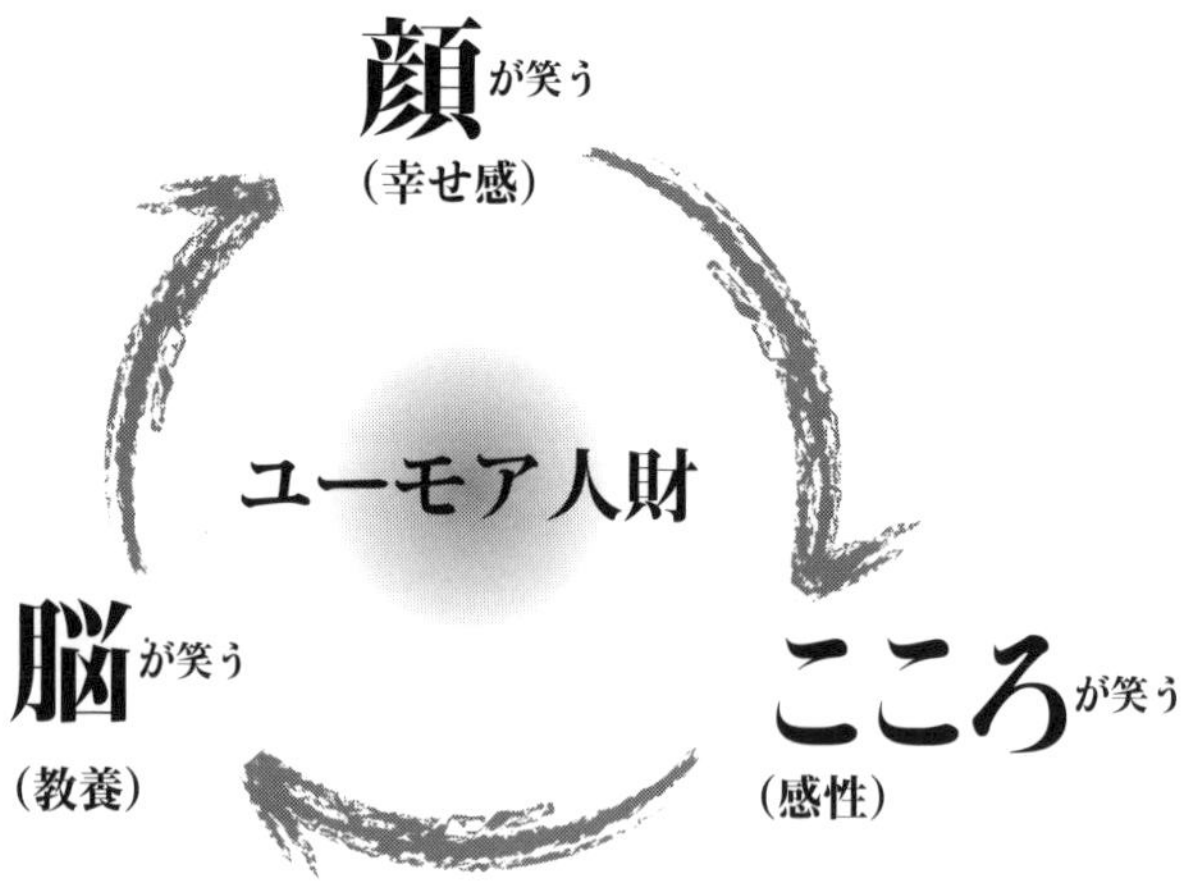

3．三笑人財の特長（勉強できる人、賢い人、おもしろい人）

私は、これからの人財を「勉強できる子」、「賢い子」、「おもしろい子」の三人財に分けてみました。

例えばこんななぞなぞがあります。水は液体、空気は気体、氷は？

答えは、

勉強できる子……個体
賢い子……冷たい
おもしろい子……食べたい

こんな答えをするように思います。どれが正解ではないですが、今まで企業は、勉強できる子、賢い子にスポットを当て、教育し、投資して成功を収めて来ました。

これからは、従来の延長線上では新たな発展はありえません。どうすれば

	将来の姿	ユーモアへの取り組み	楽しい範囲
勉強できる人財	学校のエリート	ユーモアを楽しむ	自分が楽しい
賢い人財	会社のエリート（出世する）	ユーモアを創る	相手が楽しい
おもしろい人財	社会のエリート（成功する）	ユーモアを話す	周りが楽しい

いいのか、それはおもしろい子を育てることです。一番理想的な人財は、勉強できて、賢くて、おもしろい子が一番です。

それぞれ特長を列記しておきました。

・職場にいるおもしろい人財の特長

①必ず職場に一人いる
②決して成績は良くないが、悪くもない
③職場の人気者である
④皆の解らないことも平気で質問する
⑤笑われることを恐れない

おもしろい人財を大切にしてください。
おもしろい人財の一番凄いのは、人気者

ですので、我々の知りえない個人情報とか、様々な秘密情報を持っています。

また、大きな可能性、潜在能力があります。

しっかり見極められて、これからの人財として投資してみてください。意外と成功のカギを握っているかもしれません。

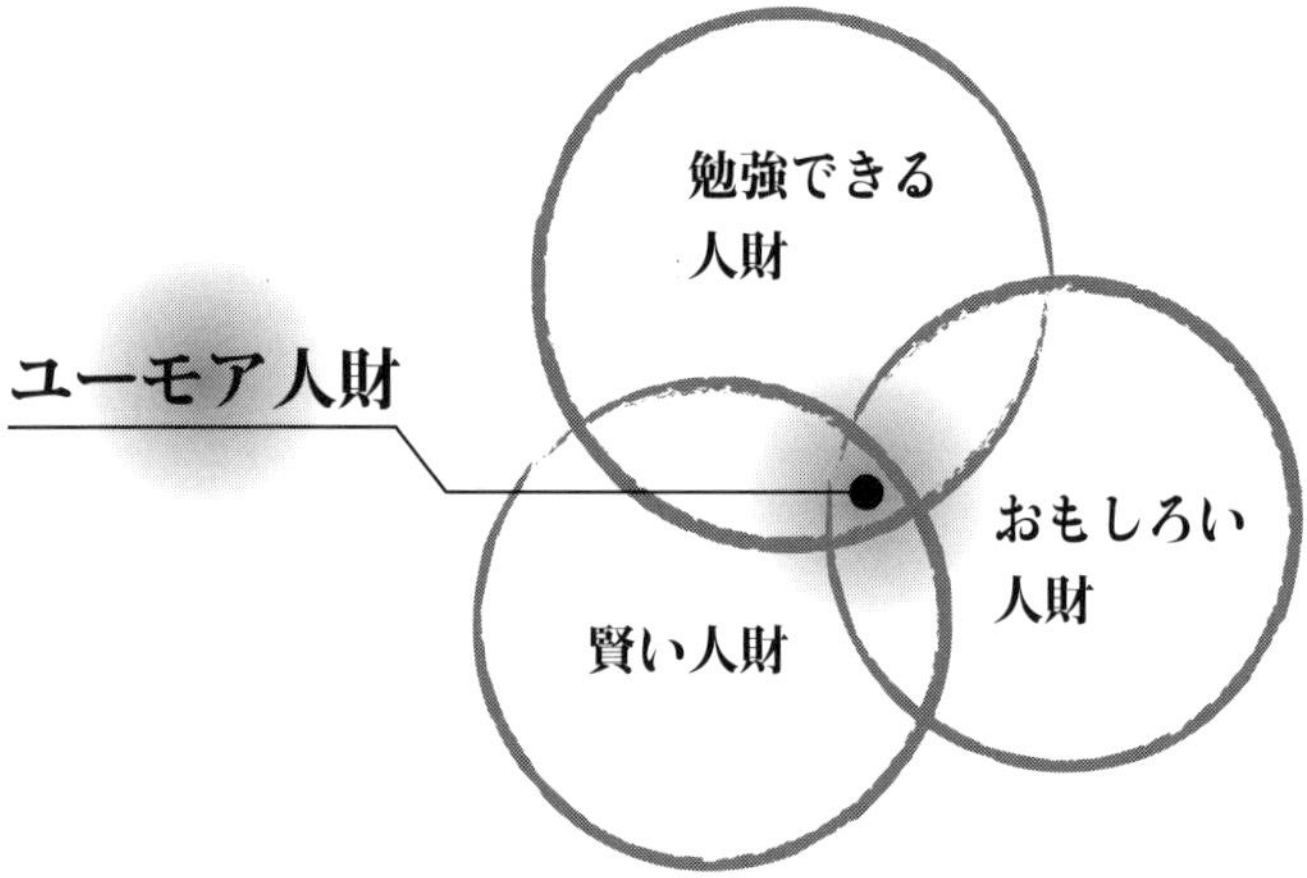
勉強できる
人財
ユーモア人財
おもしろい
人財
賢い人財

4. 褒める人財育成

人間どんなときが一番嬉しいですか。それは、褒められたときです。最近褒める人が少なくなりましたね。「褒め殺し」はいけませんが、お互い褒め合うことにより、会話がスムーズにいき、心が和みます。

また、親しい人でしたら、「わたしも褒めてください」と言って褒め合うのもいいですね。

・感性がないと褒めることができない

感性の高い人は褒めることを忘れません。褒めるとお世辞は違います。褒めるのは、心からそのように感じるから褒められるのです。お世辞は過ぎると嫌味になり、却って相手に不快感を与えます。

まず、大切なことはその人に関心をもつことです。関心がないと褒められません。褒められてあなたはどのように感じますか。相手の立場にたって考えると案外褒め方が浮かびますよ。

褒め方の三か条

①事実を褒める

「先日の結果良かったですね　さすがですね」

相手の話の内容やアイデアを褒める

「あの企画、大変勉強になりました」

「参考になりました。有難うございました」

②周りから褒める

他の人の評判など言って褒める

「社長が褒めていましたよ」

「その仕事は彼しかできないと言っておられましたよ」

③こころをこめて褒める

「今日の紫色の洋服、素敵ですね。その色、私好きなんです」

洋服の具体的な色まで褒め、感想まで言いますとこころがこもっています。

あなたなりの褒め方、一〇パターンを書いてください。

①

②

③

④

⑤

⑥

⑦

⑧

⑨

⑩

・生活用（すぐ使える一〇個）

①よく似合いますね
②笑顔が素敵ですね
③いい顔しておられますね
④いつも若々しいですね　若さの秘訣は何ですか
⑤素敵なご主人（奥さま、お子様、ご家族）ですね
⑥一緒にいたら楽しいです
　どうしたらそんなに楽しく生きられますか
⑦色々と教えて下さい（尊敬しています、さすがですね）
⑧評判いいですね
⑨貴方のお陰です　有難うございます
⑩いつものお気遣い感謝しています

・ビジネス用（すぐ使える二〇個）

①さすがだね
②よく考えているね
③頭の回転が速いね
④気が利くね
⑤一緒に仕事できてうれしいね
⑥目ぢからあるね（いい顔しているね）
⑦なかなかのユーモア家だね
⑧努力家だね
⑨品があるね
⑩勉強になるよ
⑪人を惹きつけるね
⑫君といればこころが和むよ

⑬将来有望だね
⑭誠実だね
⑮センスいいね
⑯評判いいね
⑰人脈が広いね
⑱君（彼に）任せておけば安心だね
⑲君のお陰だよ　有難う！
⑳頼りにしているよ

第四章

笑いの経営的効果

（経営とユーモア）

1. 笑いで解決できる　企業経営の課題

①社員（職員）のメンタルヘルス
②職場が活性化しない
③新しい発想ができない
④社員（職員）が挑戦しない
⑤定年後活き活き生きていない

次の五項目が上げられます。本当に笑いで解決できるのでしょうか。

①社員（職員）のメンタルヘルス…厚生労働省の発表によりますと、二〇〇九年の一年間に自殺が出たことで失われた所得や、うつ病をきっかけとした休業、失業で労災補償や生活保護の給付の必要が生じたことによる国の負担増を合わせた経済的損失が計約二、七兆円に上るとする推計が明らか

になりました。これからも経営におけるメンタルヘルスの重要性を理解頂けると思います。それに対処できる方法が、笑いの効用―健康力のストレスの解消です。

②職場が活性化しない…大きな原因の一つに人間関係があると思います。笑いの効用―人間関係力が大きく貢献します。

③新しい発想ができない…これは笑いの効用―右脳の活性化をし、創造力アップが大きく関与いたします。

④社員（職員）が挑戦しない…挑戦する心は好奇心から生まれます。そのために笑い・ユーモアが大切です。

⑤定年後活き活き生きていない…笑いの三大効用（健康力、人間関係力、創造力）があれば人生楽しく、おもしろく生きていけます。

以上、五項目このように考えますと、意外と簡単に解決できます。笑いを経営に活かす人財（ユーモア人財）育成が大きな課題です。

2. 優秀な経営者はユーモア人財

ほとんどの経営者は、笑い（ユーモア）の重要性は理解しておられます。ある経営者の方が、「中井さん、笑わせ方を教えてください」と言われたので、私は即座に「笑わせるのは無理です。そんなに簡単に人を笑わすことはできません」と答えました。その経営者の方は、笑いは重要であることを十分理解されており、毎朝朝礼で、社員に「何か一言おもしろいことを言いなさい」と指導しています。そこに一つの間違いがあります。その社長さんは、社員には言いますが、自分が朝礼に出て、社員のおもしろい話を聞かず、また参加していません。笑い（ユーモア）は、楽しんで、創って、話して初めて少しずつ浸透していくのです。率先垂範が経営の基本です。

ところで、なぜ優秀な経営者は、ユーモア人財かと言いますと、昔から経営者の資質として**「運と勘と度胸」**があげられます。どのようにしたら、運がつくでしょうか。どんな人が、運がいいのか。それは**幸せ感**をもっている人です。いつもプラス思考で考え、明るく正直に生きていると、神様は運をもってきてくれるようです。人もお金も幸せな人に集まります。

次に勘ですが、勘を感じるのは感性です。五感を研ぎ澄ましますと、第六感が出て来ます。閃きですね。「私の勘だけど……」とよく言われるのはこのことです。ですから**感性**が大切です。

三番目は度胸ですが、成功確率二〇％もないのに進むのは、度胸でなく無謀です。成功確率が五〇～六〇％のとき、経営者は判断します。その判断のとき、たくさんの情報を多方面から集め総合的な判断をします。その判断に必要なのが**教養**なのです。専門的な知識だけでは判断できません。

以上からもおわかりなように、

運→幸せ感、　勘→感性、　度胸→教養

まさにユーモア人財の三資質です。優秀な経営者はユーモア人財なのです。

小噺・CMから見るユーモア

昔、こんな小噺がありました。（初代の林家三平さんの小噺だったように思います）

ラーメン屋さんが三軒並んでいます。A店は、「日本一うまいラーメン屋」と看板を掲げましたら大入り満員となり、それを見た隣のB店は「世界一うまいラーメン屋」と看板を掲げました。また、A店のお客がぞっと押し寄せて大入り満員となり、それを見たC店は、看板に「宇宙一うまいラーメン屋」とは書かずに「ここが入口です」。

テレビのCMで、ある建設会社の宣伝がありました。「○○建設は、釘を抜いても手は抜きません」思わず笑ってしまいました。手を抜かないことを強調するために、釘を抜くという表現を使うことによって、手を抜かない誠実な会社であることをイメージしているのです。これもユーモアを上手に使った宣伝の一例です。

また、肩こりの薬の宣伝に「肩こりーぜのために」と「エリーゼのために」の音楽を流していました。単なる駄洒落ですけど、大変印象に残ります。

最近見ました商品でおもしろいのが、シャチハタさんの「ペン芯が乾きまぺん」もろに商品の特徴を商品名にした例です。大阪人の「～しまへん」をもじって「乾きまペン」です。

これらはほんの一例ですが、テレビ、新聞などを見ていますと「おもしろいなあ」というＣＭが多いと思います。それが私は「ユーモアセンスだ」と思います。

発想力向上するには

こんな言葉をご存じですね。「風が吹けば桶屋が儲かる」

風が吹くと

↓ほこりがたつ

↓目にゴミが入る

↓目が悪くなる

↓めくらさんが多くなる

↓三味線がよく売れる（昔、目の悪い人のお仕事は三味線弾きの方が多かった）

↓猫が少なくなる（三味線の皮は猫の皮で作っていた）

↓ネズミが多くなる

↓ネズミが桶をかじる

↓桶の修理や売りが多くなる

↓桶屋が儲かる。

このように次々と発想をしていくのです。おもしろいですね。

皆さんも一度やってみられませんか。

①笑えば

②

③

④

⑤

⑥

⑦

⑧会社が儲かる

②〜⑦までに　言葉が入りましたか。

これからの世の中、ただ、風が吹けばほこりが立ち、目にゴミが入る。では、勝ち残れません。「風が吹けば桶屋が儲かる」これくらいの発想をしないと、他社には勝てません。この発想には、ユーモア力だけでなく、マーケティング力など総合力が必要です。

企業での商品開発力、販売力すべて、他社にはないもの、そのキーワードは「おもしろい」です。とにかく「おもしろい」ことを考えないと、従来の延長線上では、これからの激しい世界経済の動きにはついていけません。この競争社会での生き残り、いや勝ち残りするためには、他方面からの発想できる人財、おもしろい人財の育成が一番です。これからは、**「おもしろい」**がキーワードです。

そのおもしろい人財の根本にあるのが、ユーモアです。まさに、ユーモアを経営に活かせる発想をできるユーモア人財の育成が急務であると確信しました。同じ延長線で物事を考えずに、違った発想ができるのは、ユーモアセンスのなせる業（技）であると確信しております。ただ、おもしろいだけでなく、生活・仕事に活かさなくてはなりません。ユーモアは、心豊かな生活を過ごすための潤滑油でもあるのです。

3. 経営者は目で物を言う

目ぢからを養う（目ぢからの重要性）

いい顔で一番ごまかせないのが、目です。顔が笑っていても、目が怒っていては、コミュニケーションはうまくいきません。昔から、「目は口ほどに物を言い」とはうまく言ったものです。これも日々の訓練が大切です。毎日、鏡を見て「私は幸せです」と言ったときに、顔と同時に目も見て下さい。その目が幸せな目です。

次に「愛してるよ」「信頼しているよ」など自分自身が、一番伝えたい言葉を言ってみてください。そのときの顔と目をしっかりと頭の中にイメージできましたら、必ずその言葉は伝わります。この訓練をしていると、顔の表

左脳 → **仕事力**	右脳 → **人間力**
・論理的思考 ・言語機能 ・判断力 ・専門性　など	・空間認識 ・芸術的感覚 ・創造性 ・笑い ・ユーモア　など

情が豊かになり、また、一つ一つの言葉に重みが出て来るのです。

目ぢからで思い出しますのが、昔、よくしました「にらめっこしましょ」「笑ろたら負けよ」「うんとこどこいしょ」も顔の表情を作るのに最適です。お母さんが小さい子と「にらめっこ」していましたが、それは大きな意味があったのですね。

豊かな笑いのある顔づくり、それが、コミュニケーション、「いい顔」の近道なのです。特に経営者はいい顔して、目で物が言えるようにならなくてはいけません。

笑いで右脳のマネージメント

ユーモアある話ができ、部下の心情に大きくふれる心温かい人になろうと思ってもすぐになれるものではありません。そのためには、右脳を鍛える笑い（ユーモア）を勉強して身に着けなくてはいけません。しかし、右脳だけ鍛えて左脳が弱ければこれは単なる馬鹿です。左脳と右脳のバランスの良い発達が大切であり、また、このバランスが崩れるとストレスになるとも言われています。

「笑っていたら馬鹿にされる」「笑っていたら叱れない」「笑っていたら真剣に仕事していない」などと管理職は、笑いに対して数々の偏見を持っておられます。笑っていたら、たくさんの人が寄ってきます。数々のコミュニケーションが活発になります。良い点は褒めてやり、悪い点は叱ってやる。それができるのは、普段、笑っているから、いい顔しているからです。

笑って、いい顔してドーンと構えていれば、自ずとマネジメントの道は開けます。

4．笑いに取り組む企業の社是・理念

左右脳を活かして　安定経営

経営者は、日々経営の事で悩みは尽きないのだが、その答えは意外と己にあることが多いです。よくこんな話を聞きます。「あの商品だったら、あの企画だったら我社でもできたのに…」そうなのです。各会社同じような人財、データ、設備などがあります。できる会社、できない会社の違いは何なのでしょうか。それは、人財のアイデアを如何に引き出し、どう組み合わせるかです。そこでは、知識を知恵に変える応用力のある頭脳の戦いです。

それでは、どのようにしたら知識を知恵に応用できるのか。私の考えでは、人間には左脳と右脳の活用にあります。左脳は知識・情報、右脳はその情報・知識を引き出し組み立てているようです。いくら知識・情報があっても、それを引き出し組み立てる右脳が働いていないと宝の持ち腐れです。左脳（仕事力）と右脳（人間力）のバランスが大切なのです。これがまさしく応用力

です。右脳が働いている応用力のある人財は、効率よく仕事をし、時間的にも余裕を持ち、ストレスにも強く、心身共に健康になります。

それでは、どうしたら右脳を鍛えられるのか。その答えが、右脳を働かせる「笑い・ユーモア」にあるのです。笑い・ユーモアを実践することによって、楽しい活力ある職場をつくり、応用力のある人財の育成法をしている会社があります。株式会社堀場製作所とサウスウエスト航空です。

（例1）社是「おもしろおかしく」（堀場製作所）

常に「やりがい」をもって仕事に取り組むことで、人生の一番良い時期を過ごす「会社での日常」を自らの力で「おもしろおかしい」ものにして、健全で実り多い人生にして欲しいという前向きな願いが込められています。そのために会社は「おもしろおかしく」働ける舞台を提供します。そこで従業員が「おもしろおかしく」仕事をすれば、発想力や想像力が増すとともに、効率も上がり企業価値が高まります。その結果、お客様、オーナー（株主）、サプライヤー、そして社会とＷＩＮ―ＷＩＮの関係を構築できます。

五つの〝おもい〟

さらに「おもしろおかしく」を従業員が自己実現していくために、堀場製作所では以下の「五つの〝おもい〟」を強く持ち、実践していくことを掲げています。

・誰も思いつかないことをやりたい。
・技を究めたい。
・自分の仕事や会社を誰かに伝えたい。
・人や地球の役に立ちたい。
・世界を舞台に仕事をしたい。

（例2）「ユーモア人材採用」（サウスウエスト航空）

【サウスウエスト航空の理念】

・ユーモアセンスのある人財を採用する

↓ユーモアセンスのある人は、**変化**にも素早く対応できる、**プレッシャー**の中で面白いことを考え出すことができる

・ユーモアのセンスを活かし、**臨機応変**に対応することが、常に**お客様の立場**に立ってベストを尽くすこと

・最後には、**自分自身が仕事を楽しむこと**

サウスウェスト航空 【ユーモア六原則】

・おかしなことを考えよ
・遊び心に満ちた態度を取れ
・最初に笑う人間になれ
・あざ笑うのでなく共に笑え
・自分自身を笑え
・仕事は真剣に、だが自分のことで深刻になるな

これを読んでおりますとユーモアセンスのある人財（ユーモア人財）は、こころに余裕があるのかもしれません。まさしくこれからの二十一世紀に求められる人財ではないでしょうか。

ひとやすみ

人罪：　居れば困る人

人在：　居るだけの人

人財：　居なくては困る人

5．大阪商人のユーモア

大阪商人と笑いの関係を表わした言葉に**「商は笑にして勝なり」「笑が昇ずれば商は勝なり」「笑が省ずれば商は小なり」**があります。藤本義一氏によると、「商いにおいては、売る人も買う人も笑顔でなくてはいけない」と言われています。この言葉から大阪商人がいかに笑い・ユーモアを大切にしていたのかがよくわかります。

「へーいらっしゃい」「毎度おおきに」と笑顔で応対され後に、相手と呼吸を合わせて「今日は何買うてくれまんねん」と言われるとお客も思わず「何があるのん。何が安いのん」といつの間にか買いモードになっています。このわずかな会話の中に、大阪商人の腕というか技があります。

今や大阪商人《あきんど》という言葉が使われなくなりましたが、次にあげる大阪商人七気風には「ユーモアの漂い」があり、大阪商人基本精神、三つのべからずには「笑いの真髄」があり、商売には色々な意味で、笑い・ユーモアが必要なようです。

・大阪商人七気風

①柔らかい

②情のこもった

③謙虚で

④誠実で

⑤芯があって

⑥**ユーモアの漂う**

⑦品のいい雰囲気

・大阪人基本精神

気は長く、こころ丸く、腹立てず、己は小さく、人は大きく

・三つのべからず

①金貸さず

②役就かず

③印鑑（ハン）せず

・大阪洒落言葉を楽しむ

・儲かりますか　あきまへんわ　**赤子の行水**です

↓金たらい（タライ・足る）で泣いています

・もうその話は　**ウサギの逆立ち**ですわ

↓　耳が痛い

・あの男は　**煮すぎたうどん**　や

↓　箸にも棒にもかからん

・あの客は　**夏の蛤**　やから相手にしたらあかん

↓見（実）くさって買い（貝）くさらん

・その話は　**黒犬のしっぽ**　やな

↓面（尾も）白くない

例えることのおもしろ

・あんたの顔は　一円玉やな　なんで？　もうそれ以上崩しようがない

・あいつは　夏場の火鉢や　なんで？　おばんも手を出さん

このように、大阪人は物事を遠回しに言って、相手を傷付けずに会話をしたようです。

「笑いの経営的効果（かきくけこ）」を上げるために！

か：　感性を高め

き：　教養を身につけ

く：　工夫を忘れず

け：　健康で

こ：　こころ遣いを大切に

第五章

人生は楽しくおもしろく

（健康とユーモア）

1. 医食同源――免疫力を上げる食物

「たまにわ（は）すきになさい」が必須

健康を保つ上で食は大変重要です。美味しいものを食べると免疫力が上がって健康になります。美味しいものとは　何も高級なものを食べるのではなく、旬のものをしっかり食べればいいのです。美味しいものを食べているときの笑顔は素適ですね。本当にいい顔をしてますね。

昔の諺に、**「腹八分目　医者いらず　腹六分目　薬いらず」「三里四方のものを食べれば病知らず」**があります。食べ過ぎず　身近な食材を上手にいただくのが基本です。

免疫力を上げる食べ物は「たまにわ（は）すきになさい」です。

た…卵

卵は、人の体内で作ることができない八種類の必須アミノ酸をバランス良く含んでおり、良質なたんぱく質やカルシウム、鉄分など、ビタミンCを除くほぼ全部の栄養素が含まれている超優良食品です。

ま…豆類（納豆、豆腐など）

特に納豆はアレルギンという、免疫力を高めて若返り効果をもたらすアミノ酸が豊富に含まれています。消化吸収の良いたんぱく質が豊富で、ビタミンB1、B2、栄養の宝庫です。一日一個は食べたいですね。また、血栓の主成分であるフィブリンを溶かすナットウキナーゼという酵素が、心筋梗塞や脳血栓の予防効果も期待できます。但し、ワーファリンを服薬している人は注意してください。そのほかに、お豆腐、枝豆などはお酒のお供としては、理にかなった食材です。

に…乳製品（ヨーグルト、チーズ、牛乳など）

ヨーグルトなどの乳酸菌は腸内細菌のバランスを良好に保つ作用がある。

腸内のコンディションを整え、免疫系を活性化させるビフィズス菌などの乳酸菌によって善玉菌優位の状態にすると腸内環境が整えられ、感染症に対する抵抗力も増してきます。ヨーグルトとオリゴ糖を一緒にとるとオリゴ糖が乳酸菌のエサとなり、善玉菌の働きを一層高めます。(オリゴ糖は、たまねぎ、ごぼう、大豆、アスパラガス、はちみつ、味噌などにたくさん含まれています)

また、乳酸菌類は、漬け物や味噌、しょうゆなどの発酵食品に多く用いられおり、味噌汁やキムチなどの発酵食品を毎日取れば、腸の免疫力が高まりアレルギーが防げます。

わ…ワカメ(海藻)

ヌルヌル成分に免疫細胞を活性化する働きがあります。こんぶ、もずく、めかぶなどの海藻には、食物繊維の一種のフコダインという多糖類が含まれており、生活習慣病のほとんどの症状を改善し、抗がん作用も期待されています。人間の身体のルーツは海ですから、海の成分を大切にしたいですね。

す…酢

人間の体内に存在する二〇種類のアミノ酸が含まれています。特に、体内では合成できない必須アミノ酸九種類がバランスよく含まれています。アミノ酸は、身体の基盤を作り、各臓器の新陳代謝を活発にし、生命維持活動そのものを支えています。主成分の酢酸は、血圧低下作用、コレステロール低下作用も報告されています。トマト酢、黒酢、リンゴ酢、米酢などがあります。

き…きのこ類

きのこ類（しいたけ、ひらたけ、なめこ、えのきだけなど）は、食物繊維が多く含まれているので、便通が良くなり、またミネラルのカリウムが多いため、塩分の過剰摂取を抑制することから生活習慣病の予防効果が期待できます。そしてたんぱく質や脂肪質などの栄養素を豊富に含んだ低カロリー食品です。特に干しシイタケなどに多く含まれるレンチナン（β‐グルカゴンの一種）は、免疫力を高め、強い抗ガン活性があります。（ガン患者による臨床試験を経て、一九八五年に臨床薬として厚生省の承認を得ています。）

に…にんにく

食物の王様です。免疫力を高める作用と抗酸化作用で、ガンから老化まで防ぐ働きがあると言われおり、アメリカのデザイナーズフーズでトップに評価されています。

デザイナーズフーズとは一九九〇年アメリカの国立がん研究所がガン予防に効果のある食材を有効度順に並べた総称で、ニンニクの次にキャベツ、カンゾウ、大豆、ショウガなどがあります。

な…生野菜

緑黄色野菜…βカロチン、ミネラル、植物繊維などが多く含まれます。特に、βカロチンは皮膚と口、鼻、胃腸などをおおう粘膜を強化し、ガン予防にも効果があると言われています。栄養素βカロチンを多く含む野菜にはシソ、ニンジン、モロヘイヤなどがあります。βカロチンは油で炒めると効率よくとれますので、生にこだわらず多種類を食べることも大切です。

白色（淡色）野菜は、白血球の機能を活性化して、免疫力を高め、ガンを予防します。主な食材には、ニンニク、ダイコン、キャベツ、タマネギなどがあります。

さ…魚類（青魚）

あじ、さば、いわしなどの青背の魚は、血圧を下げ脳の機能を高める、DHA（ドコサヘキサエン酸）や血管を拡張して血行をよくして血液をサラサラにするEPA（エイコサペンタエン酸）が含まれています。ただし、

ＤＨＡ，ＥＰＡは煮る、焼くなどの加熱処理をすると、有効成分が失われることがあるので、刺身や酢の物にするのがベストです。

い…芋類

食物繊維が多く、便秘を改善し腸の壁を刺激します。ヌルヌルした山芋、里芋などは免疫力を高めガンや潰瘍を予防します。

イギリスの医師バーキット博士は「アフリカの農民が、大腸がんが少ないのは、食物繊維をたくさん含む芋類をたくさん摂取るので、排便がよくなるからである」と書いています。

特にさつまいもは、ビタミンＣや肌をきれいにするビタミンＥを多く含み、血液をきれいにするカリウムもある。また、ケーキよりカロリーが低く太らない野菜です。

食物繊維は、便の量を増やして便秘を防ぐほか、最近では、動脈硬化症、糖尿病、大腸がんなど、生活習慣病の予防に役立つこともわかってきています。

以上、総合しますと、やっぱり和食が一番のようですね。

最後に、「美味しいです」「ご馳走さま」の感謝も忘れないようにしたいですね。

【食事三ヵ条】

①仲間と楽しい会話をしながら食べる。

②良く噛んで食べる（一口三〇回）。消化にもいいですが、脳が刺激されます。

③たくさんの種類（三〇種類）を好き嫌いなく何でも食べる。

2．芸名（ペンネーム）のすすめ

芸名（ペンネーム）を創ってみませんか。今までの肩書を捨てて、もう一人の自分になってみませんか。別に創っても市役所に届け出る必要もないですし、嫌なら変えればいいのです。一度、洒落で遊んでみてはいかがですか。

効用

①もう一人の自分に会える　↓　今の自分を表現できる
②幅広い人脈ができる　↓　話しのきっかけがたくさんできる
③発想が豊かになる　↓　新たな自分に挑戦できる

例……薬家きく臓　社交亭談洲　環境亭エコ　いいかげん亭喜楽
癒し亭ゆめ、手話亭笑美　山遊亭写楽　おかし家甘えっ子　など

創り方

・あなたのなりたい姿…
・あなたの好きなもの（趣味、食べ物　ほか）…
・あなたのアピールポイント…
・あなたらしいこと…
・あなたしかできないこと…
・その他

あなたのペンネーム

3. 健康一日

一日一回、一〇回、一〇〇回、一〇〇〇回、一〇〇〇〇回

健康法の実践も大事です。毎日必ず行ってほしい健康法です。笑うから健康になるのか、健康だから笑うのか、は別として、笑って健康になり、より健康になるための健康法も実践してください。

一日一回……お風呂

お風呂は血液の循環を良くし、副交感神経を刺激して心身を落ち着かせます。また、身体全体の疲れが取れ良き睡眠をもたらします。

・普段は三六～三八度のぬるめのお湯でリラックス。約二〇分程入浴。

・少し疲れているときは、四〇度前後のややぬるめのお湯で、たっぷり浸かります。深い程水圧がかかり、血液がスムーズに押し流されます。

・運動などの筋肉の疲れを取るときは、四二度前後の少し熱めのお湯に入りますと、より血行が良くなり疲労回復します。

温冷浴……冷浴と温浴を交互に繰り返す入浴法です。甲田光雄氏によりますとさまざまな効果があるようです。

1．血管のバイパスが、グーッと拡大するので、体温を無駄に逃さないので、冷え性を治し、高血圧を改善します。

2．体内のビタミンCを減らしません。温冷浴なら体温が上昇せず、汗がほとんど出ないので、ビタミンCが失われず、皮膚が引き締まります。

3．肌が綺麗になり　記憶力がよくなり、疲労がとれ風邪をひきにくくなります。さらに自律神経のバランスを整えます。

ただし、重い高血圧、心臓病、肝硬変、慢性腎不全の人などはされない方がいいようです。される前には、必ず医師にご相談してください。

（『最強の健康術』　東　茂由著より）

一日一〇回……深呼吸

「病は気から」と言います。気力と病気は深く関わっています。その気力の補助として是非役立てていただきたいのが、「古きを吐いて、新しきを入れる」呼吸です。継続すると免疫力の向上にも役立ちます。まずはゆっくり吐いてください。（約二〇～三〇秒かけて）それを五回（朝・夕）程くり返した後、今までに、自分が一番楽しかったことを頭の中にイメージしてください。そして「にこっ」と笑ってくださ い。そうすれば、脳からたくさんのβ－エンドルフィン（脳内モルヒネ）が出て、免疫力が上がります。大切なことは楽しいことをイメージすることです。そうすれば、脳が笑いストレス解消になります。それから吸うときは、ゆっくり鼻から吸うことを心がけてください。

そのほかに気功・ヨガ・太極拳などたくさんの呼吸法がありますので、挑戦されるのもいいかもしれません。

一日一〇〇回……笑う

毎日百回笑うと言うより、もう皆さんは笑いの効用・大切さをご理解いただきましたので、説明しなくてもいいと思いますが、大切なことは「毎日一回は笑う」です。今日、午前中笑っていないなあと思ったら、午後から友人と笑うのもいいでしょう。意識して笑うようにしてください。あの人の顔を見れば、思わず笑顔が出ます。そんな人を見つけるのもいいですし、それよりも、自分がそんな存在になるのが一番ベストですね。

一笑　百災　を取り
百笑　千福　を招き
千笑　万病　を癒す

一日一〇〇〇回……字を書く

最近はパソコンなどをほとんどの方が利用されているので、書くということが少なくなって来ました。そこで、私は「日記のすすめ」を提唱しています。千字を書かなくても、本日の出来事を少し自分の感情をいれて書きます。感情が入りますと字が変わります。その変わった字がまた、新たな気づきをさせてくれます。日記は誰に見せるものでもないですので、自分一人で楽しんでください。今日の日記は「今日はきく朧さんの素晴らしい本を読んで感動した。あまりの感動にきく朧さんに祝儀を送りたい。この本の版元、春陽堂さんにきく朧さんの住所と口座番号を聞いてみよう」と書けばいかがですか。

一日一〇〇〇回……歩く

皆さんは、長い間、前向きに歩いて来られました。これからは後ろ向きに歩かれてはいかがですか。後ろ向きに歩きますと、今まで使っていなかった神経、筋肉を使いますので、大変よい運動になります。初めは違和感はありますが、慣れてきますと何かスッキリしたような気分になります。危ないですので、ご夫婦、友人などペアで百歩くらいから始められたらいいです。慣れて来られたら、少し傾斜のある坂道の登り降りもなかなか良き運動になりますよ。

以上、五項目をあげましたが、大切なことは継続です。「やらねば」と言うストレスをかけずに、気長に取り組んでください。それが一番の健康法です。

あとがき

二〇〇二年サラリーマンとして、油が乗り切ったといっても過言ではない時期、赴任した東京で、耳を疑う言葉を聞かされました。「甲状腺ガンです」と。さも何もないように告知されました。製薬業界に身を置く一員としても、ガンの二文字は脳天をハンマーで打ち砕かれた衝撃を覚えました。幸い初期だったので、手術も順調に行われ、少々、美声が落ちた後遺症ぐらいで完治し、現在も半年に一回の定期健診は怠らなく続けています。ありがたいものです。

それ以後、人生の最終章を意識しつつ、己が社会に貢献できるものは何かと、自問自答し、学生時代からの落語を生かし、仲間とNPO法人健康笑い塾を立ち上げました。

当時は、笑いの効用の普及活動の一環として講演会に力を注いでいましたが、あまりに注ぎ過ぎて、とうとう退職して本業になっている現在です。

そんな折、岡山県で講演会があり、講演後、一人の元気そうな紳士が、私に一枚の名刺を手渡されました。そこには「**勝つ**!! 大腸 がん太（松尾実）」とありました。一瞬、頭の中がパニックになる自分を覚えました。大腸、がん？「実は私、末期の大腸がんでして……」と彼の言葉を聞いたとき、思わず言葉を失うということは、こういうことだと思いました。いわば綺麗ごとの講演会は、ご自分の病と闘っている人の前にはひとたまりもありません。聞けば薬の副作用に耐え切れず、服薬をやめ、毎日笑ってのんびり残りの人生を過ごそうと、「ガン患者交流笑う会」を立ち上げ、ガン患者さんの良き相談相手として、過酷な体に鞭打ち精力的に活動されています。美容師の奥様も、ガン患者さんのために不要な髪の毛を集め、かつらを作り、二人揃って、ボランティア活動をしておられるとのことでした。

絵空事ではなく「笑いのガンへの効用」があることは、学会でも発表され、私自身の体験も含めて、今後、益々笑いの啓蒙活動をしていかねばと意を新たにした次第です。

昨今、ストレス社会・高齢化社会にはいっていますが、健康で長寿をめざすには、毎日、上手にストレスを発散し、自分自身で、ストレスをコントロールしなくてはなりません。その方法のひとつに、私が提案しています**「顔が笑う　こころが笑う　脳が笑う」**があります。神様が、人間だけに与えてくれた「笑い」を大切にして、大いに活用していきたいものです。コマーシャルに出てくる高価なサプリメントもいいでしょう。ただ、目先の自分の発想を変え、少し意識改革するだけで副作用もない万能の薬「笑い」が身近にあることを再認識していただき、笑えない方も、笑いたい方も、一緒に笑って楽しい人生を生き抜こうではありませんか。

まずは、実行していただき、その成果を是非ご報告いただくのをお待ちしております。

最後に、カバー絵の「福を招く猫」のイラストを快くご提供くださいました「招き猫美術館」虫明修館長御夫妻、カバー絵の佐藤愛さんのご尽力に心から御礼申し上げます。
また、この本の企画立案者であり、出版にいたるまで多方面からのご指導いただきました春陽堂書店の永安浩美女史に衷心から御礼申し上げます。

平成二十三年七月吉日

NPO法人　健康笑い塾　主宰
日本笑い学会　理事

中井　宏次

いい顔の指南書

1．“ラッキー・ハッピー”を口ぐせに！
2．今日は鏡の前で笑いましたか
3．今日は鏡の前で自分を褒めてやりましたか
4．今日は何人の人を褒めましたか
5．今日は五感で四季を感じましたか
6．今日は自分のペンネームを使いましたか
7．今日はお洒落していますか
8．今日はお風呂で疲れを癒しましたか
9．「私は幸せです」と言ってお休みください
10．泣くは修行　怒るは無知　笑いは悟り

以上、健康笑い塾での学びから、十か条を指南いたします。

NPO法人　健康笑い塾

【参考文献】

・「笑い学研究」NO. 1　「お笑いの歴史」相羽秋夫　日本笑い学会
・「笑い学研究」NO.13　「笑いと心のゆとり」井上　宏　日本笑い学会
・浅田由美子　九州大学　2004年　「心理臨床場面における笑いの取り扱い」
・高柳和江　「補完代替医療としての笑い　The Laughter　Therapy」
・「笑いの力」　井上　宏　関西大学出版部
・「笑って長生き」　昇　幹夫　大月書店
・「笑いのこころ　ユーモアのセンス」　織田正吉　岩波書店
・「ユーモアの秘策」　葛西文夫　角川学芸出版
・「よく笑う人は　なぜ健康なのか」　伊藤一輔　日経プレミアシリーズ
・「人はなぜ笑うのか」　志水彰、角辻豊、中村真　講談社
・「笑いの治癒力」　ノーマン・カズンズ　松田　銑（訳）岩波現代文庫
・「英語のユーモアを磨く」　村松増美　角川書店
・「スマイル仮面」症候群　夏目　誠　生活人新書
・「脳からストレスを消す技術」　有田秀穂　サンマーク出版
・「心が強くなる　あきらめない　脳のつくり方」　有田秀穂　サンマーク出版
・「人は鯨であってマグロではない」　小林　剛　三五館
・「最強の健康術」　東　茂由　河出書房新社
・「免疫力を高めて病気を防ぎ治す知恵とコツ」編集　主婦の友社　発行者　村松邦彦
・「病気を治す　病気を防ぐ　超免疫力！」　星野泰三　PHP研究所
・「100歳までボケない101の方法」　白澤卓司　文芸春秋
・「ほめ言葉ハンドブック」　本間正人・裕田京子　PHP研究所
・「大阪言葉事典」　牧村史陽編　講談社
・「ガン・治る法則　12ヵ条」　川竹文夫　三五館
・「笑いの免疫学」　船瀬俊介　花伝社
・「脳と心の仕組み」　小野瀬健人　かんき出版
・「お金で買えない商人道」　藤本義一　NHK知るを楽しむ
・「これからの10年本物の発見」　船井幸雄　サンマーク出版

中井宏次（なかい・こうじ）
NPO法人健康笑い塾　主宰、薬剤師、日本笑い学会理事

一九七五年大阪薬科大学卒業、同年吉富製薬株式会社（現：田辺三菱製薬株式会社）入社。二〇〇七年に退職。**「医笑同源　笑い（ユーモア）で　健康で心豊かな歓びのある生活を！」**テーマに「NPO法人健康笑い塾」を設立し、生活における笑い（ユーモア）の重要性を啓発活動している。また、三十三年間の会社勤務経験を活かし、「笑いの経営的効果」、「ユーモア人財育成法」「ストレス時代の笑いの効用」「職場のメンタルヘルスとユーモア」などの研究にも取り組み、教育・経営コンサルタントとしても活躍している。一方、大学では非常勤講師として、「健康と笑い」「医療と笑い」「医療コミュニケーション」などの講座を担当し、教職としても「教育と笑い（ユーモア）」をベースに、これからの**予防笑学・人財育成**に情熱を注いでいる。また、**薬家きく臓**の芸名で落語も嗜んでいる。

所属学会：日本笑い学会、日本産業ストレス学会

【座右の銘】　仕事は楽しく　人生はおもしろく

顔が笑う　こころが笑う　脳が笑う

2011年　7月30日　初版第1刷発行
2013年　2月20日　初版第3刷発行

著　者　　中井　宏次
発行者　　和田佐知子
発行所　　株式会社　春陽堂書店
〒103-0027
東京都中央区日本橋3－4－16
電話番号　03-3815-1666
URL　http://www.shun-yo-do.co.jp

デザイン　　鷹家　洋子

印刷製本　　恵友印刷株式会社

乱丁本・落丁本はお取替えいたします。
ISBN978-4-394-90285-0